한 사람의
위대한 변화

한 사람의 위대한 변화

초판 1쇄 인쇄 _ 2025년 9월 1일
초판 1쇄 발행 _ 2025년 9월 10일

지은이 _ 장주영

펴낸곳 _ 바이북스
펴낸이 _ 윤옥초
책임 편집 _ 김태윤
책임 디자인 _ 이민영

ISBN _ 979-11-5877-395-3 03190

등록 _ 2005. 7. 12 | 제313-2005-000148호

서울시 영등포구 선유로49길 23 아이에스비즈타워2차 1005호
편집 02)333-0812 | 마케팅 02)333-9918 | 팩스 02)333-9960
이메일 bybooks85@gmail.com
블로그 https://blog.naver.com/bybooks85

책값은 뒤표지에 있습니다.
책으로 아름다운 세상을 만듭니다. — 바이북스

미래를 함께 꿈꿀 작가님의 참신한 아이디어나 원고를 기다립니다.
이메일로 접수한 원고는 검토 후 연락드리겠습니다.

한 사람의 위대한 변화

장주영 지음

다음 세대 리더를 위한 기획서
―――
꿈꾸는 한 사람이
공동체의 길을 만든다

the beginning of a dream

바이북스
ByBooks

들어가는 글

'이제 다시 공동체'

우리가 현재 살고 있는 시대는 공동체라는 말이 서먹하게 들리고, 과거의 유물처럼 여겨지는 경향이 있다. 그럼에도 불구하고 우리는 공동체 안에서 공동체의 영향을 받으며 여전히 살아가고 있다. 그것의 다른 이름은 네트워크, 커뮤니티, 모임, 회사, 사회, 가족 등 다양한 형태이다.

이러한 공동체는 인간의 생존이자 본능적으로 끌리는 갈망이다. 과거에서 현재까지 변함없이 공동체의 영향력은 보이든 보이지 않든 지속적으로 존재해 왔다. 온라인 시대가 되어 서로가 마주 하지 않음에도 불구하고 공동체는 형태가 바뀔 뿐이지 우리 주변에서 계속 지속되어 왔다. 현재도 여러 공동체가 우리 주변에서 우리와 지속되고 있다.

특히 수많은 온라인 플랫폼들은 다양하고 새로운 형태의 공동체를 만들어 내고 있다. 페이스북, 인스타, 유튜브 등을 예로 들 수 있다.

세계적인 베스트셀러 작가인 세스고딘은 인터넷의 발달로 사람들이 연결되는 사회 트렌드를 '부족화'로 표현하였다. 이것은 지역과 국경을 넘어 존재하는 플랫폼 형태의 공동체인 것이다. 이것은 한 세대 전만 해도 존재하지 않은 방법이다. 이러한 플랫폼은 자신만의 메시지로 사람들을 불러 모은다. 그리고 자신의 의미와 가치가 맞는 이들이 연결된다.

  수많은 플랫폼 공동체에 많은 이들이 환호하며 소속되고, 또 떠나기도 한다. 동시에 다양한 공동체를 경험할 수 있다. 인터넷 기술의 발달로 집에서 마주 보지 않아도 우리는 연결될 수 있는 것이다. 하지만 여기서 우리는 진지하게 질문을 해봐야 한다.

"인간관계는 많지만 이 관계들이
이전과 같은 의미를 가지고 있는가?"

  기술의 발전으로 방구석에서 우리의 고립을 덜 수 있지만 예전의 우정, 이전시대의 깊은 관계들을 만들어 내기 힘들어진다. 관계가 넓고 많아질수록 외로움과 소외감이 깊어질 수 있다. 우리의 삶에서 오프라인과 온라인에서 사람들의 관계를 양질로 만드는 것이 필요하다.

온라인 관계는 오프라인 관계를 기준으로 맺을 때 더 돈독해질 수 있다. 그리고 우리는 온라인이든 오프라인이든 공동체에 속하는 의미에 대해 생각해 보아야 한다.

이 책은 지난 10년간 독서모임을 오프라인으로 운영하며 경험한 것을 연구하고 정리한 것이다. 특히 공동체의 형성과정을 다루고 있다. 공동체를 연구하며 발견한 것은 공동체가 '한 사람의 꿈'에서 시작한다는 것이다. 많은 공동체의 그 시작점에는 누군가의 꿈이 존재한다. 그 꿈은 그 사람을 독특한 경험 그리고 독특한 삶으로 이끌어 준다. 그러한 독특한 삶의 메시지나 아이디어는 사람들을 변화시키며 영향력을 만들고 공동체를 형성해 나간다. 그리고 더 나아가 위대한 공동체는 그들만의 세계관을 구축하며 사회와 조직에게 영향력을 전달한다. 세계 역사 속 위대한 공동체와 이 시대의 공동체를 이 관점으로 바라보라.

긴 시간을 거치기에 보이지 않을 수 있지만 자세히 들어가 추적해보면 공동체의 형성과정에서 패턴을 어렵지 않게 발견할 수 있다.

이 책은 공동체를 만드는 과정을 기획한 책이다. 의미 있는 공동체를 향한 이타적인 꿈을 가지는 것, 삶의 시간을 의미 있는 경험으로 채워 나가는 것, 공동체를 기획하는 법, 글로벌을 향한 세계관을 기획하는 것을 우리는 배울 수 있다. 나의 꿈은 어딘가에 필요한 공동체를 만들어 줄 수 있다.

특히 다가오는 다음세대는 글로벌을 상대로 리더십을 펼쳐야 하는 세대이다. 그들의 꿈이 단지 자신만의 꿈이 아니라 사회와 세계를 위한 의미 있는 꿈을 가지고, 의미 있는 공동체를 만들어 자신만의 꿈과 리더십으로 공동체를 이끌어 나갈 수 있기를 기대한다.

전체 구조와 활용법

이 책의 목적은 한 개인의 꿈으로 시작하여 공동체가 형성되고 성장하는 과정을 기획할 수 있게 도와주는 것이다. 이 프로세스를 통해 자신의 현재의 꿈뿐 아니라, 공동체의 미래를 만들어 보길 기대한다.

1부 작고 위대한 꿈의 시작

한 사람의 꿈이 어떻게 시작되고 어떻게 꿈을 지속시켜 나갈 것인지의 내용을 다루고 있다. 기존의 꿈에 대한 콘텐츠들은 단기적이며 외형적인 성취에 초점이 많이 맞춰져 있다. 이 파트에서는 개인의 꿈에 공동체라는 의미를 심어주고 장기적인 목표를 잡을 수 있도록 도와줄 수 있을 것이다.

2부 꿈이 이끄는 인생의 모험

꿈을 가진 이들은 그들만의 경험을 구축해 나가며 자신만의 모험을 떠난다. 자신의 삶을 관리하고 시간을 계획하는 방법, 실행을 통해 성장하는 방법을 다루고 있다. 긍정적이며 적극적인 삶을 통해 자신만의 경험으로 영향력을 만들 수 있는 가이드를 제시해 주고 있다.

3부 부족의 탄생

공동체에서의 리더십과 팔로우십에 대해 다루고 있으며, 구체적으로 공동체를 형성해 나갈 때 핵심요소를 이해할 수 있게 구성해 두었다. 공동체를 구축하는 프로세스를 제시함으로 더 구체적으로 공동체 기획을 할 수 있도록 만들어 줄 것이다.

4부 좋은 부족을 넘어 위대한 부족으로

세계관이란 세상을 바라보는 관점으로 추구하는 가치, 비전, 방향, 문화 등 다양한 형태로 나타난다. 세계관을 사례적으로 접근하며 기업 모델, 국가 모델, 개인 사례를 통해 세계관을 개념적으로 쉽게 이해하고 공동체에 어떻게 접근할 수 있는지를 제시하고 있다. 이것을 통해 자신의 공동체에서 세계관을 시작하는 데 도움을 줄 것이다.

책에 각 파트별 워크숍이 포함되어 있지만, 공동체를 더 실천적으로 적용하고 싶은 분들은 공동체 워크북으로 실습해 볼 수 있다. 개인이나 조직에서 소그룹 워크숍을 30분, 1시간, 2시간 단위로 자유롭게 운영할 수 있도록 구성되었다. '꿈'에서 '공동체 구축'까지 총 10단계로 구성되어 있으며, 필요에 따라 부분적으로도 진행이 가능하다. 관련내용은 홈페이지www.tribes.co.kr를 통해 확인할 수 있다.

차례

들어가는 글   4
전체 구조와 활용법   8

PART 01 작고 위대한 꿈의 시작

부족을 만드는 한 사람의 꿈   17
내면의 리더를 찾아서   22
삶의 의미와 공동체   28
공동체가 필요한 이유 '두려움'   34
삶의 모험을 떠나기 위한 깃발   40

PART 02 꿈이 이끄는 인생의 모험

독특한 경험이 만드는 정체성 자본   54
바쁜 삶 속에서 사라지는 꿈   60
주도적 삶을 위한 시간 관리전략   69
모험으로 사는 인생   86
공동체를 향한 사고의 전환   96

PART 03 부족의 탄생

공동체의 시작 그리고 공동체 파워	109
행복한 연결, 행복한 소수	116
부족을 이끄는 리더십	124
공동체 문화구축과 갈등관리	136
공동체 기획 프로세스	144

PART 04 좋은 부족을 넘어 위대한 부족으로

생각이 우리를 만든다.	160
세계관의 정의와 영향력	168
글로벌 세계관과 자유의 세계관	179
독립정신과 자유정신	191
공동체의 세계관 기획	198
꿈을 가진 대한민국 공동체의 방향	215

마치는 글	221
감사한 사람들	224
참고문헌 및 추천도서	229

The beginning of a dream

PART 1

작고 위대한
꿈의 시작

이제 다시 공동체

요즘 시대에 공동체라는 말은 트렌드가 지난 말처럼 인식되는 경향이 있다. 시대가 빠르게 변화하면서 공동체를 중시하는 사회에서 개인주의 성향의 사회가 되었기 때문이다. 개인의 다양성을 표현할 수 있는 온라인 매체와 글로벌로 연결된 사회에서 공동체성을 권유하는 것은 시대에 뒤떨어지는 듯해 보인다.

하지만 사회에서 우리 자신은 공동체 속에서 서로에게 여전히 영향을 받는 존재이다. 인간이 관계를 맺는 본능은 자연히 타인과 연결을 만들어 낸다. 아무리 개인이 탁월하고 모든 것을 만족한다고 해도 우리에게 가장 필요한 것은 관계이다.

인생의 행복에 대해 많은 이들이 연구하며 빠지지 않는 것 또한 '관계'이다. 가족이든, 친구든, 동료이든 그것이 무엇이든 즐거운 사람들과 관계는 삶을 더 풍성하게 만들어 준다. 그것이 얼마나 가치 있는지 우리는 죽음의 순간에 깨달을 수 있을 것이다.

　죽음의 순간을 맞이하며 단 한사람도 자신의 졸업장이나 메달, 그리고 자신이 아껴왔던 보물과 자신이 이룬 성취를 보고 싶어 하는 사람은 없을 것이다. 죽음의 순간에 모든 사람들은 자신이 맺어왔던 관계들이 삶의 전부였다는 것을 깨닫는다.

　이 세상에서 삶이 끝날 때 보고 싶은 것은 사람이고 그들의 눈빛이다. 우리는 그것을 삶을 사는 동안 좀 더 빨리 깨닫는 것이 현명하다.

　우리 사회에서 잊혀가고 있는 공동체는 이러한 관계를 맺어주는 끈이다. 우리는 가족, 직장, 모임, 단체, 지역, 국가 등 공동체에 보이지 않는 끈에 연결되어 있다. 공동체는 어떤 형태의 형식적인 모임이나 단체만을 한정하고 말하는 것이 아니다. 삶의 방식으로서 내가 어디에 속해야 하는지를 알고 나를 필요로 하고 내가 필요한 곳에서 함께 살아가는 것을 의미한다.

　삶의 여정을 떠나면서 공동체를 만나는 것은 삶의 성공, 그리고 행복, 그리고 많은 문제를 해결할 수 있는 방법을 찾을 수 있다. 의미 있는 공동체일수록 자신의 삶에 더 큰 영향을 미친다.

　강영우 박사는 의도적으로 자신과 동일한 가치와 방향을 추구하는 공동체에 소속하라고 권한다. 공동체는 다양한 사람이 속해 있고 다양성이 존재한다. 이 가운데서 자신의 가치를 발견할 수 있고, 그 가치를 공동체 안에서 공유하며 키워 나갈 수 있기 때문이다. 또한 공동체 안에서 자신에게 누가 필요하고 함께해줄 사람을 만날 수 있다면 그것은 인생의 값진 보물을 얻는 것과 비교할 수 없다.

이뿐 아니라 공동체가 중요한 이유가 있다. 과거에서 현재까지 시대를 알고 시대를 이끄는 리더는 공동체를 통해 사회를 변화시키고, 사회의 사람들을 변화시켜 왔다. 그리고 우리의 미래에도 이것은 이어질 것이다. 매 시대마다 필요한 것은 공동체를 이끌어 줄 리더이다.

공동체 기획을 시작하며 공동체의 관점을 우리 자신으로 시작했으면 한다. 바로 나 자신을 돌아보며 내면의 리더와 내면에서 원하는 공동체를 찾아가는 여정을 떠나는 것이다.

이 시작은 이 책을 읽는 당신의 삶에 의미를 만들어 줄 뿐 아니라 미래를 상상하며 주도적으로 이끌어 줄 것이다.

Chapter 01

부족을 만드는 한 사람의 꿈

위대한 리더의 위대한 꿈

BC 4세기 마케도니아의 지배자인 알렉산더 대왕이 있었다. 그는 불과 20대의 나이에 그리스를 넘어 페르시아와 인도에 이르기까지 동서를 하나로 이은 고대의 영웅이었다. 그는 단지 정복전쟁을 통해 영역을 넓힌 것을 넘어 그가 가진 철학과 문화를 함께 전파하며 새로운 시기를 열어 주었다.

알렉산더 대왕이 거대한 전쟁이 될 페르시아 원정을 준비하는 때였다. 그는 부하들에게 왕실의 재산을 모두 나눠주어 그가 가진 것은 아무것도 없었다. 그때 그것을 보며 걱정한 충신 페르디카스가 질문하였다.

"대왕께서는 자신을 위해 무엇을 남겨 놓으셨습니까?"

하고 묻자 알렉산더는 대답하였다.

"희망"

이에 대해 감동한 페르디카스가 말했다.

"그럼 대왕을 모시고 떠나는 저희들도 그 희망을 나누어 갖겠습니다."

이렇게 알렉산더 대왕은 세계를 꿈꾸고 정복하였다. 그에게는 완벽하게 이상적인 도시를 만들고자 하는 꿈이 있었고 희망이 있었다. 그가 꿈꾸는 세계의 가치는 그와 함께하는 이들과 충분히 공동의 꿈을 품을 수 있었다.

알렉산더 대왕이 그의 생애에 정복한 땅은 약 348만 평방킬로미터이다. 그러나 이보다 2배가 넘는 땅을 정복한 왕이 있다. 바로 몽골의 '칭기즈칸'이다. 그가 정복한 땅은 777만 평방킬로미터에 이른다. 인류 역사상 첫 해가 지지 않는 제국을 완성한 왕이다.

어떻게 이렇게 해가 지지 않는 제국을 만들 수 있었던 것일까?

당시 칭기즈칸이 살았던 몽골은 사람들과 가축들이 먹을 양식과 목초지의 부족으로 서로 끝없는 내전이 지속되었다. 그는 좁은 평지에서 제로섬 같은 전쟁의 공포로부터 해방되는 방법은 몽골고원 밖에 있음을 발견하였다. 그리고 몽골 초원을 벗어나는 꿈을 꾸었다.

그는 꿈을 꾸면 얼마든지 현실로 만들어 낼 수 있다는 신념을 가졌고, 미래를 향한 비전을 함께 지닌다면 얼마든지 세상을 바꿀 수 있다는 것을 알았다.

<u>한 사람의 위대한 꿈은 위대한 시대를 열어준다.</u>

위대한 사람이 위대한 꿈을 꾸는지 위대한 꿈이 위대한 사람을 만들어 내는지 확실히 말하기는 어렵다. 한 사람의 위대한 꿈은 위대한 시대를 열어가는 것은 사실이다.

지난 시간을 돌아보며 누군가 나에게 공동체를 형성하는 시작이 무엇이냐고 물어본다면 바로 '한 사람의 꿈'이라고 정의내릴 것이다. 건강한 공동체는 서로의 꿈이 연결된 공동체이다. 이 속에 사람들은 자신의 변화된 미래를 꿈꾸고 공동체의 사람들은 이 꿈을 존중하고 지지해준다.

우리가 경험하는 공동체가 생기 있고 활력이 있느냐 없느냐를 보면 그 속에 개인들의 꿈이 살아 있는지 없는지를 보면 알 수 있다. 기업 공동체든, 사회 공동체든, 종교 공동체든 그들이 추구하는 꿈과 개인의 꿈들이 없다면 그 조직은 형식적인 모임으로 존재해 있을 것이다.

건강한 공동체는 자신의 정체성을 알고 자신의 꿈을 가진 사람들이다. 꿈을 가진 이들이 많을수록 공동체는 성장하고 더 단단해진다. 꿈을 가진 이들은 공동체에 끌려가는 것이 아니라 공동체를 지지하며 주도한다. 이러한 문화는 공동체 안에서 사람을 성장시킨다.

불행히도 우리가 살아가는 시간의 여정에는 우리의 꿈을 방해하는 수많은 요소들이 존재한다. 그러나 그런 꿈들을 가장 안전하게 지켜낼 수 있는 곳은 바로 공동체, 그리고 그 꿈을 믿고 지지해 주는 사람들이다. 공동체 안에서는 각자의 꿈이 서로를 지탱하고, 기대며 함께 자라나기 때문이다.

공동체 안에서 중요한 것은 우리의 꿈이 공동체와 얼마나 깊이 연결되어 있는가이다. 꿈은 공동체를 이루는 핵심이며, 그 꿈들이 모여 공동체를 살아 숨 쉬게 만든다.

공동체는 한 개인의 꿈으로 시작하여 공동의 꿈으로 확장시켜 나간다. 개인의 꿈이 전이되어 서로에게 영향을 주며 이끌어 주는 것이다.

꿈은 공동체 안에서 영향력을 가진다.

자신의 꿈은 외로이 이끌어 가는 개인적인 삶의 목표가 아니다. 개인의 꿈이 커지면 그것은 공동의 꿈이 된다. 꿈은 공동체 안에서 타인에 의해 영향을 미치고 더 크게 영향력을 펼쳐 나가기 때문이다. 한 사람의 꿈은 그 사회의 보이지 않던 꿈들에 불을 붙이는 경우도 있다.

불과 몇 십 년 전만 해도 한국에 골프와 피겨 스케이트는 서양의 스포츠처럼 멀게만 느껴지고 그 분야의 선수는 드물었다. 그러나 박세리와 김연아가 나타나서 세계적인 정상들과 함께하며 꿈을 이루는 모습을 보여주었다.

이후 몇 십 년 만에 박세리 키즈와 김연아 키즈가 연이어 일어났다. 한 사람의 꿈에 성취가 다음세대를 일으킨 것이다. 이러한 사례는 다른 분야에서도 많이 나타난다.

《탤런트 코드》의 저자 대니얼 코일은 세계의 특별한 능력을 가진 이들이 그 재능을 발견하고 키워가는 과정에 대해 연구했다. 방대한 그의 연구에서 발견한 사실은 재능은 '점화장치'를 통해 폭발한다는 것이다. 누군가의 성취는 다른 이에게 강력한 동기부여를 제공하여 내면의 재능에 불씨를 일으킨다.

이와 마찬가지로 누군가의 꿈과 그의 성취가 시간이 지나면 그 공동체와 사회에 퍼지기 시작한다. 영향력 속에서 자신의 꿈의 가치가 전파되고 함께하는 이들이 늘어나기 시작한다.

<u>**개인이 가진 꿈은 공동체의 희망이 된다.**</u>

공동체는 개인의 꿈을 이루기 위해 존재하며 개인의 꿈들은 공동체의 꿈을 확장시킨다.

그 시작을 당신의 꿈으로 시작해 보았으면 한다. 자신이 리더이든, 조직의 한 사람이든 상관없다.

Chapter 02

내면의 리더를 찾아서

"그 누구도 아닌 자기 걸음을 걸어라.
나는 독특하다는 것을 믿어라.
굳이 누구나 몰려가는 줄에 설 필요는 없다.
오직 자신만의 걸음으로 자기 길을 가거라."

— 영화 〈죽은 시인의 사회〉 중 —

비규격화된 인생

우리의 삶은 공장에서 만들어진 규격화된 인생이 아니라 하나하나 특별함 속에서 태어난 핸드메이드와 같은 존재이다. 이 세상에 어느 누구도 똑같은 사람은 없다. 각자의 고유한 독특함을 지니고 있다. 그렇기에 추구해 나가는 이상이나 꿈도 모두 다르다.

우리의 내면 속에 독특함은 삶의 메시지를 만들어 내며 그 메시지는 꿈과 꿈들을 연결하고 하나의 공동체를 만들어 낸다. 진정한 꿈을 꾸고 나갔던 사람들은 오랜 시간 이러한 과정을 거치며 삶에서 자신의 존재와 의미를 만들어 낸 이들이다.

  진정한 꿈은 내면 깊은 곳에서 울리며 자신의 존재를 되새겨 주고 삶의 여정에 단서를 제공해 준다. 꿈에 의미가 커지면 자연스럽게 이와 관련된 사람들과 연결된다. 이러한 연결은 진정한 삶의 의미와 행복을 제공해 줄 뿐 아니라 인생의 가치를 느낄 수 있게 만들어 준다.

  나의 꿈은 무엇을 추구하고 있는지 잠시 생각해 보자. 추구하는 가치가 단지 돈이라면 그것은 꿈이기보다 야심이 된다. 야심은 무서운 꿈의 돌연변이이다. 그러한 꿈은 자신의 이기심으로 다른 사람들을 괴롭힌다. 반면 나의 행복이 다른 사람의 행복과 연결되어 있다고 생각하는 사람들은 다른 이들의 필요가 되어준다. 행복은 절대 혼자서 이루어질 수 없음을 알기 때문이다. 행복한 꿈을 이루려는 사람들은 자연히 공동체로 이끌린다.

  이것이 진정한 꿈을 찾아 나가는 과정이며 삶의 기쁨을 찾아 나가는 여정이다.

내면의 안내자

  우리의 꿈은 삶의 여정을 만들고 의미를 만들어 낸다. 이러한 꿈은 외부에 있는 것이 아니라 우리 내면에 있다. 내면에서 울려오는 목소리는 자신이 어떠한 존재인지를 알려주며 삶의 의미를 만들어 낸다. 이러한 내면의 목소리가 우리의 여정에서 진정한 안내자가 되어준다.

그러나 이러한 내면의 안내자 목소리를 듣기 어려운 이유는, 우리의 일상이 수많은 소음으로 가득 차 있기 때문이다. SNS와 디지털 문명의 발달로 인해 생활의 질은 향상되고 많은 것들이 시간을 절약해 주지만 아이러니하게도 우리에게 시간은 더 없어지고, 개인적으로 보내는 시간은 많아 졌지만 자신을 돌아보는 시간은 줄어든다.

오히려 SNS를 통해 타인의 삶을 더 많이 본다. 그들의 삶과 비교하면 자신이 삶이 무엇인가 비워져 있는 듯하다. 그러한 것들은 우리를 산만하게 만들고 꿈을 생각할 시간조차 없게 만든다.

자신의 내면에 채워져야 하는 것들을 찾기 위해 바쁘게 SNS를 따라 흘러가는 것이 아니라 자신의 내면과 조용히 마주하는 시간이 필요하다. 그 시간은 온전히 자신의 꿈에 집중하며 생각하고 느낄 수 있는 시간이다. 그 시간은 외부세계와 닫고 내면세계와 소통하는 '침묵의 시간'이다.

내면세계를 신앙적으로 연구한 고든 맥도날드는 《내면세계의 질서와 영적성장》이라는 책에서 "우리 영혼을 울리려면 침묵이 필요하다"고 말하고 있다. 꿈을 품는 시간은 단지 시간 속에 고립된 순간이 아니라, 내면의 영혼이 울리는 창조적이고 목적 있는 침묵의 시간이다.

우리 속에 있는 꿈들은 '침묵'이라는 시간을 통해 발견할 수 있다. 내면의 나와 깊이 마주할 때 우리 자신을 끌어당기는 울림이 있다. 그 울림을 느낄 때 일깨워지는 생각들이 바로 나아갈 꿈의 요소들인 것이다. 또한 그 꿈들은 자신과 닮아 있다. 마치 자신이 그것을 위해 태어난 것 같은 확신과 믿음을 심어 준다. 고요한 침묵 속에서 울리는 내면의 목소리는 우리에게 삶의 의미에 대한 부분을 일깨워 준다.

그 울림은 '누군가를 따라가시오. 돈을 이렇게 버는 것입니다. 이런 직업을 가지십시오.' 그런 시시한 것들이 아니다. 그런 부분에 대한 영감도 주지만 더 고차원적인 울림은 이러한 것들이다.

나는 누구인가?
왜 존재하는가?
나는 무엇을 해야 하는가?
우리는 어디로 가고 있는가?
지금 중요한 것은 무엇인가?

이러한 침묵 속 내면의 목소리는 우리 삶의 진정한 의미를 찾아가는 여정에 대한 질문들과 생각들이다. 그것은 일시적인 것이 아니라 삶의 여정 동안 그 침묵의 시간을 가지면 가질수록 지속되는 것이다. 그 시간이 많아질수록 자신의 존재에 대해 더 많은 것을 알아갈 수 있다.

죽음의 순간까지 자기다움을 완성해 나가는 것

우리의 존재는 시간이 흐르며 자기다움을 찾아가게 된다. 꿈의 여정 속에서 자신을 발견하지 못한 사람은 시간이 흘러갈수록 환경적인 요소에 지배를 받고 타인의 지배받게 된다. 그러나 자기다움을 찾아가는 사람은 주도적으로 자신의 주변 환경을 지배하며 자신만의 환경을 구축해 나간다.

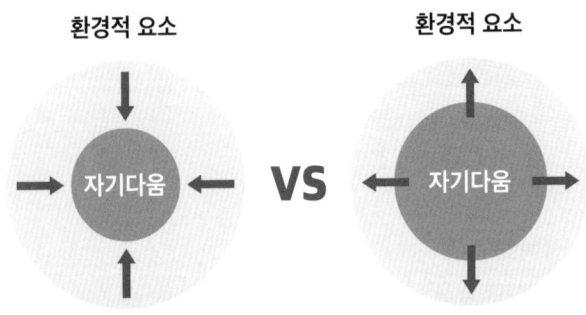

꿈을 키워 나가는 것은 자신에게 맞는 환경과 자신다움을 완성해 나가는 과정이기도 하다. 우리는 꿈을 꾸고, 그 꿈은 우리를 더 나은 나로 이끌어준다. 외적인 성장과 더불어 내적인 성장도 이루어지게 된다. 비록 지금의 현실과 시작은 낮은 곳에서 시작되지만 이상을 향하여 환경과 자신을 이끌어 가는 것이다. 자신만의 스타일, 자신만의 원칙, 자신만의 스킬, 자신의 사람들과 함께 영향력을 키우고 환경을 주도하며 성장한다.

꿈이 나를 키우는 것인지 내가 꿈을 키우는 것인지 모를 때가 있다. 꿈꾸는 사람들은 그렇게 자기다움을 찾아나간다.

지금 혹시 자신이 주어진 일들로 복잡하고 산만한가? 그럼 그곳에서 잠시 떠나 고요함을 만들어 자신의 내면과 마주해 보길 바란다. 자신 속에 있는 자신을 만나는 것은 어떠한 기준이 없다. 각자는 자신의 갈망의 크기만큼 자신을 만나고 발견하게 된다. 그 갈망이 내면의 진짜 나에게로 이끌어줄 것이다.

자기다움으로 인도해 주는 내면의 안내자를 따라 꿈을 따라가길 바란다.

자신에 대해 믿고 내면의 목소리에 귀 기울이고 양심을 따라 걸어가라. 그것이 자신을 이끌고 더 나아가 사람들을 이끄는 메시지가 될 것이다.

Chapter 03

삶의 의미와 공동체

꿈이라는 것이 단순히 드림리스트에서 차를 사거나, 여행을 간다거나, 소유하는 것은 하나의 낮은 수준의 꿈을 꾸는 것이다. 그것을 이루는 사람들에게 어떠한 의미가 없다면 그것은 단순한 쾌락적인 한 부분에 그치고 만다.

어느 한 지역에서 유명한 부자가 죽었고 그 장례식장에서 누군가 말했다.

"그는 얼마나 남기고 떠났나?"

그 친구는 대답했다.

"모두 다 남기고 떠났다네."

우리가 추구하는 명예, 업적, 돈 혹은 다른 것들은 인생의 진정한 꿈이 아닐지도 모른다. 인생의 꿈에 대하여 의미를 가지게 되면 다른 관점으로 자신과 주변을 바라본다. 그리고 삶에 주어진 시간을 다르게 사용하게 된다.

진정한 꿈은 의미를 찾아 자신의 존재를 삶의 시간에 따라 성장시켜 나가는 것이다.

우리 삶에 이러한 의미를 가진다는 것은 신이 우리에게 부여한 특별한 부분이다. 이러한 의미는 우리의 삶에 생명력을 불러일으킨다. 세상을 살아가며 역경을 이겨 낼 수 있는 힘을 만들어 낸다.

제 2차 세계대전 당시 독일의 나치는 유태인 대학살을 시도하였다. 그들이 만든 아우슈비츠는 이러한 학살을 위한 죽음의 수용소였다. 여기서 극심한 노동과 학대로 사람들은 죽어갔고, 살아남은 이들도 죽음 이외에는 희망을 가질 수 없는 곳이었다. 정신의학자인 빅터 플랭크 박사는 이곳에서 죽음 앞에 맞이한 사람들을 관찰하며 의미를 만들어 내는 인간에 대해 발견하게 된다.

그는 이 죽음의 수용소에서 살아남은 사람은 체력이 강인한 사람도, 힘이 센 사람도, 정신력이 강한 사람도 아니었다고 말한다. 이곳에서 살아남은 사람은 살아갈 이유가 있는 사람들이었다. 이 가혹한 곳에서 삶의 의미를 찾은 사람만이 극심한 고통을 버티고 살아남은 것이었다.

극적으로 수용소에서 살아서 나온 그는 자신의 경험을 토대로 삶의 의미를 찾아 치료하는 '로고테라피'를 창안했다. 그것은 자기 내면의 의미를 불러일으켜, 생각을 변화시키고 삶을 변화시켜 나가는 것이다. 그는 삶에 의미를 찾을 수 없다는 이들에게 이렇게 말한다.

"내가 삶에 기대할 것이 없다면 삶이 나에게 무엇을 기대하는지 생각해 보라."

삶의 의미를 가진 사람은 인생에서 자신을 그대로 두지 않고 더 나은 존재로 나아가기 위해 시도한다.

우리는 꿈을 '의미', '존재', '시간'이란 관점으로 바라볼 수 있다. 우리의 삶이 의미를 지닌다면 시간이 흐름에 따라 자신의 존재를 더 크게 변화시켜 나갈 것이다. 시간이 지나며 자신의 존재는 더 큰 의미로 나아가게 되는 것이다.

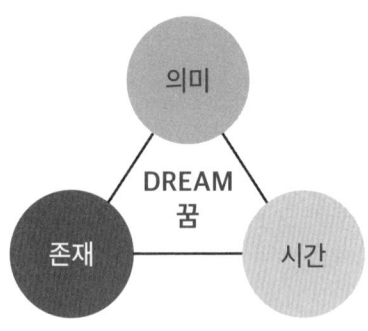

이러한 관점에서 꿈은 주어진 시간 속에서 자신의 존재를 완성해 나간다. 의미 있는 꿈을 가진 사람들은 자신의 존재를 끊임없이 변화하며 삶을 적극적으로 살아 나간다. 반면 의미가 없는 꿈들은 단기적인 꿈으로 멈춰 버린다. 주어진 시간과 환경도 의미를 두지 않는다.

삶은 일직선으로 '탄생'에서 '죽음'으로 향하게 된다. 지금까지의 삶에서 가장 의미 있었던 것이 무엇인지는 말할 수 있겠지만, 인생에서 가장 중요한 것이 무엇이었는지는 죽음의 순간에야 비로소 말할 수 있을 것이다. 어떤 삶이 의미 있는지, 어떤 존재의 사람이 되고 싶은지를 장기적인 관점에서 바라보는 것이 필요하다.

"무엇이 의미 있는가?"는 "어떠한 삶을 살 것인가?"를 알려주며, 이 질문은 "나는 어떠한 사람이 되어야 하는가?"를 알려준다. 이러한 사람의 시간은 자신의 삶의 목표를 향하여 주도적으로 이끌어 가며 삶의 차이를 만들어 가는 것이다.

우리 인간은 우리의 삶을 선택할 수 있는 '자유의지'를 가지고 있다. 이것은 삶을 주도적으로 이끌어 갈 수 있는 의지이다. 우리의 내면에는 이러한 자유의지 속에 의미를 찾아 더 나은 존재로 나아가려고 하는 독립의지가 있다. 삶의 의미를 가질수록 더 적극적으로 삶을 살아가게 만들어 준다.

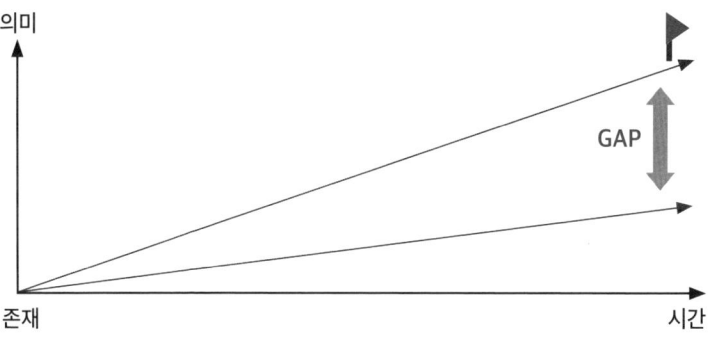

의미 있는 꿈을 가진 사람은 미래의 삶에 맞는 현재의 자신을 꾸준히 만들어 나간다. 미래의 목표가 더 분명할수록 현재의 자신의 정체성도 분명해진다.

자신의 미래의 목표를 설정할 때 현재 자신의 나약함과 부족함을 보지 않고 상상해야 한다. 현재의 자신에서 미래를 바라보지 않는 것이다.

강영우 박사는 이렇게 말한다.

"인생길에서 조금 앞서는 것을 생각하지 말고 당신 안에 있는 무한한 잠재력을 생각하라. 아직도 인생의 장기적 목표와 중간 목표가 없다면 지금부터라도 세워라. 경쟁에서 비교하며 기죽지 말고 당신도 할 수 있음을 믿고 높은 이상을 세운 후 그것을 위한 과정을 설계 하라. 그리고 행동으로 실천하라."

우리의 인생은 100미터 경주가 아니라 장거리 경주이다. 1,000미터 경주에서 100미터를 얼마나 빨리 뛰는가는 중요하지 않다. 인생을 바라볼 때 장기적인 시야를 가지는 것은 무척 중요하다.

미래의 삶에 이상적인 장기적인 목표가 있는 사람은 어떠한 과정을 준비해야 하는지 알고 있다. 그 과정을 도전하며 현재의 자신을 알아가고 도전하며 미래로 이끌어 나간다. 이렇게 꿈의 환경과 조건들을 개척해 나간다.

<u>꿈은 자신의 여정 속에서 공동체를 모을 수 있는 메시지를 만들어 낸다.</u>

자신의 삶에서 꿈으로 나아가는 과정에서 맞이하는 현재의 일들이 커 보이고 변화가 더디다고 느낄 수 있다. 그러나 고난과 역경 속에서 그것을 향해 달려 나가며 삶의 의미를 배우게 되는 것이다. 자신의 꿈을 향한 여정 속에서 자연스럽게 배워 나가는 것이다.

그 의미를 찾아가는 시간 속에서 자신만의 메시지가 만들어진다. 그것은 그 사람만이 다룰 수 있는 자기다운 메시지이다. 그 메시지는 사람들을 모으는 깃발이 되며 하나의 의미 있는 공동체를 만들어 낸다. 꿈의 여정 속에서 함께 꿈꾸는 이들을 만나는 것은 꿈을 이뤄 나가는 과정의 하나이다.

꿈의 여정 속에서 배워나가는 메시지들은 소중하고 그 시간에만 배울 수 있는 것이다. 꿈의 결과를 즐기기보다 꿈의 여정을 즐기며 기대하는 것이 삶에서는 더 큰 의미를 줄 것이다.

가치 있는 꿈일수록 그 시간이 오래 걸릴 수 있다. 그리고 내가 이룰 수 없다고 생각한 꿈들도 시간이 지난 후에는 작은 꿈이 되고, 더 큰 꿈을 꿀 수 있는 시간이 올 것이다. 의미 있다고 생각한 것들은 더 의미 있는 것들로 나아가게 만들어 줄 것이고, 그 과정 속에서 많은 것을 경험한 우리는 더 나은 존재로 성장해 있을 것이다.

Chapter 04

공동체가 필요한 이유 '두려움'

두려움 속에 함께 탔던 '우루루 열차'

잠시 자신을 돌아보며 내면에서 올라오는 미래와 꿈에 대해 묵상해 보자. 이 시간 꿈으로 가는 침묵 속에서 올라오는 것은 미래에 대한 기대감과 현실의 두려움이 동시에 마주하게 될 수 있다.

이 두려움은 바로 현실적인 상황 혹은 나약한 과거의 '나'이다. 과거의 성숙하지 못한 시절에 실패와 실수의 모습은 언제나 자신을 괴롭게 할 수 있다. 이러한 두려움은 '너는 할 수 없을 거야.'라는 무언의 메시지를 보낸다. 시간 낭비와 에너지 낭비가 될 것이라 속삭이며 우리의 모험을 주저하게 만든다.

두려움은 다른 이들이 '우루루' 달려가는 곳에 생각 없이 함께 따라가도록 만든다. 많은 이들이 가는 길에 자신을 의지하는 것이다. 그것이 편하고 안전해 보이기 때문이다. 이 열차는 바로 '우루루 열차'이고 계속 같은 코스를 도는 순행열차이다. 불행하게도 그 열차는 당신이 원하는 삶을 이끌어 주지 않을 것이다. 단지 그 현실의 삶을 만족하도록 만들 뿐이다.

지금 혹시 이 '우루루' 열차에 타고 있다면 그 선택은 당신의 몫이다.

삶을 살아가며 누구나 각자의 두려움을 가지고 있다. 나는 살아오며 두려움 없는 사람을 보지 못했다. 우리가 용감하다고 생각한 위인들도 그들 나름의 두려움을 가지고 있었고 그것을 극복한 사람들이었다. 주어진 두려움은 피할 수 없다. 두려움에 맞서 싸워야 하는 것이 우리 삶의 현실이다.

우리가 공동체에 속하는 이유는 우리의 목적에 따라 선택하기도 하지만, 때로는 두려움 때문에 공동체에 속하기도 한다. 공동체의 리더들이라면 이런 사람들의 두려움을 이해하는 것은 필수적이다.

두려움은 상대적인 크기로 각자에게 존재한다. 나에게 두려움은 어떤 이들에게 두려움이 아닐 수 있다. 두려움은 우리가 생각하는 크기만큼 우리의 내면에 존재한다.

두려움을 극복하는 방법은 그것을 다른 관점으로 바라보는 것이다. 두려움 속에서 우리는 오히려 간절한 열망과 가능성을 발견할 수 있다. 두려움은 그것을 이루고자 하는 내면의 신호이기 때문이다.

두려움은 우리가 나아가야 할 우리의 모습을 보여준다. 또한 우리의 아픔, 상처, 고통이 과거 속에 두려움으로 남아 있었다면 그것을 버티고 온 강인한 현재의 나를 발견할 수 있는 것이다. 우리의 두려움은 우리의 나약함이 아니다. 우리의 두려움은 우리 안에 있는 깊은 강함을 만들어 낸다.

중도 포기 유전자

우리의 삶의 꿈도 마찬가지로 그것을 생각하고 발견했다고 그것이 바로 성취되거나 이루어지는 것이 아니다. 꿈에는 그것을 만드는 시간이 필요한 것이다. 하지만 삶의 여정에서 중도하차 하게 되거나 중도 포기를 하게 되는 경우가 많다.

고든 맥도날드는 이러한 것을 '중도 포기 유전자'라고 하였다. 중도 포기 유전자란 무엇을 시도하거나 도전했을 때 포기하는 습관이다. 중도 포기 유전자는 새로운 시작과 어려움을 맞이하면 내 안에서 이렇게 이야기 한다.

'안 될 거야.', '할수 없어!', '이번에도 실수할 거야.', '가능성이 없어.'

인간은 무엇인가 포기하면 그 포기는 거기서 멈추는 것이 아니다. 그러한 포기는 이전의 경험을 바탕으로 다음번 시도 때 포기가 더 쉬워진다. 크고 작은 일이든 무엇을 시작했을 때 끝내는 것 그리고 지속하는 것은 삶에서 무척 중요한 요소이다.

꿈에 완성해 나가는 과정에서 인내의 시간을 거치는 것도 마찬가지이다. 인내를 통해 그것을 성취하거나 극복한 사람은 포기하고 싶은 순간 이렇게 생각한다.

'지난번에도 해냈어.', '이번에도 할 수 있을 거야.', '이전처럼 끝낼 수 있을 거야.'

중도 포기 유전자를 극복한 이들은 이러한 생각으로 새로운 시도나 위기를 넘어간다. 자신의 꿈에 맞게 희망을 가지고 현재를 인내하며 나아가는 것이다. 꿈의 시간을 인내로 기다리며 자신을 오랜 시간 다듬어간다. 인내의 시간을 버틸수록 중도 포기 유전자는 내 안에서 점점 사라지고 미래의 희망 유전자들이 일어나가기 시작한다.

계산된 훈련

바다의 커다란 파도가 밀려오면 모든 어부들은 바다로 나가지 않는다. 하지만 서퍼들은 파도가 높아질수록 흥분하며 바다로 나간다. 파도를 맞이하는 삶의 자세에 따라 파도는 두려움이 될 수도 있고 즐거움이 될 수도 있다. 모든 서퍼들이 위험한 파도를 탈 수 있는 것은 아니다. 그것은 오랜 시간 높고 낮은 파도를 통한 훈련의 시간이 필요하다. 그러한 경험이 없는 사람에게 파도란 두려움 그 자체이다. 삶이란 바다에서 기회라는 파도를 타기 위해서는 역시 훈련이 필요하다.

<u>위대한 서퍼는 위험한 바다에서 만들어진다.</u>

=그리고 그 훈련이 험난할수록 더 능숙해지고, 더 강인한 자신을 만들어 낼 수 있다. 불확실한 시대를 살아가는 우리에게 필요한 것은 역경을 이겨내는 훈련이다. 크고 작은 역경을 이겨낸 사람은 자신의 미래로 가는 과정에서 맞이하는 역경에 포기하지 않는다.

모두가 자신의 꿈을 지니고 있지만 인생의 모진 바람이 불어닥치면 절대 다수는 가슴에 품었던 꿈을 포기하게 된다. 오로지 험한 인생길에서 꿈을 보호하고 길러가는 극소수만이 그 꿈을 실현하게 된다. 거칠고 어려운 시간이 결코 영원히 지속되지 않는다. 그러나 그런 험한 세월을 인내하는 사람들은 영원히 남아 있게 된다.

플랭클린 루즈벨트 대통령은 정치의 절정기에 자신의 삶과 꿈을 포기해야만 하는 병인 소아마비를 경험했다. 그러나 정치인을 꿈꾸며 서서 연설을 하겠다는 목표를 가지고 오랜 시간의 힘든 시간을 이겨냈다. 그는 소아마비의 장애를 극복하고 그 경험을 바탕으로 1933년 대공황의 늪에 빠져 위기 속에 허우적거리는 미국 국민들에게 이렇게 말했다.

"우리가 두려워 할 것은 두려움 그 자체이다."

미국인들은 그의 메시지에 희망을 품으며 힘든 시간에 용기를 가질 수 있었다. 그가 삶의 두려움을 이기고 외친 울림이 있는 메시지였다.

한 분야의 전문가로 성장하는 것도 마찬가지이다. 자신의 분야에서 오랜 훈련을 통해 역경을 이겨낸 사람들은 다양한 패턴의 문제해결력을 터득하게 된다. 이러한 훈련은 어떠한 상황에서든 내면을 통제하는 힘을 갖추게 된다.

우리의 훈련은 미래를 위한 훈련이어야 한다. 장기적인 목표를 통해 자신이 어떠한 상황을 마주하게 될 것인지 예측하여 미리 자신을 준비해 볼 수 있다.

계산된 훈련의 누적은, 자신의 꿈에 맞는 존재로 자신을 완성시켜 나간다. 우리는 삶의 여정과 훈련 속에서 미래를 볼 수 있는 힘을 키워야 한다. 그것은 실제로 미래의 나를 드러내는 훈련 과정이며, 꿈을 향한 문을 여는 비밀 열쇠이기도 하다.

조개는 이물질이 자기 안으로 들어오면 자신을 보호하기 위해 분비물을 방출하여 이물질을 감싼다고 한다. 여러 해 동안 이런 방법을 거쳐 조개는 진주를 만들어 낸다. 어떤 꿈이 우리 안에 들어올 때, 우리가 그 꿈을 이루기 위해 삶을 온전히 쏟아붓는다면, 오랜 시간이 흐른 후 우리는 반드시 더 가치 있는 존재로 성장하게 된다.

<u>계산된 훈련은 미래를 품는 기술이다.</u>

Chapter 05

삶의 모험을 떠나기 위한 깃발

　모든 건물에는 그 목적에 맞게 설계도가 존재한다. 그것은 만드는 사람의 목적에 따라 다르게 존재하고 다른 결과를 만들어 낸다. 자연적인 것에 의미를 두는 사람은 정원과 나무가 있는 집의 설계도를 만들어 낼 것이고, 효율성에 의미를 둔 사람은 빌딩과 같은 건물의 설계도를 만들어 낼 것이다.

　우리의 인생도 마찬가지이다. 인생의 설계도는 우리의 목적에 따라 만들어지고, 그것은 인생의 결과로 만들어 내는 것이다. 인생의 설계도를 그리고 우리의 삶에 목적지를 설정하는 것은 우리의 선택이다. 삶에 의미를 만드는 사람들은 자신을 돌아보는 반복적인 질문들과 함께 인생의 방향을 만들어 나간다.

　삶의 목적을 정리해 나가는 방법은 생각을 손으로 그려내는 것이다. 생각들은 우리의 기록을 통해 서로 엉켜 있던 것들이 풀어지고 정리가 되기 시작한다. 기록은 우리 자신의 영혼이 세상에 나오게 되는 첫 번째 통로이다. 내가 어떠한 방향으로 나아가야 할지 방향을 제시해 준다. 이 시간 필요한 것은 시간과 공간이다. 잠시 바쁜 일상을 떠나 여유 있는 시간을 확보하고, 아무도 방해받지 않는 공간에서 자신을 기획해 보길 추천한다. 자신의 과거로부터 현재 그리고 미래까지의 자신을 돌아보며 내면의 리더를 발견하는 시간이 될 것이다.

자기기획 1단계 - Time Moment

현재의 자신은 과거의 경험을 기반으로 이루어진다. 과거를 정리하다 보면 현재의 외적인 자신뿐 아니라 내적인 자신을 발견할 수 있다. 과거의 조각들이 현재의 나를 형성하고 있기 때문이다.

현재의 '나'는 과거를 거쳐 형성된 '나'이다.

고든 맥도날드는 의미 있는 과거의 정리 방법으로 사람 / 사건 / 생각 3가지를 제시한다. 여러 가지로 과거를 정리해 볼 수 있지만 대부분 의미 있는 경험은 이 경험에 포함되어 있다.

우리의 의미 있는 것들은 위의 3가지로 생각하여 과거를 추격해 보자. 분명 몇 가지의 중요한 사람, 혹은 생각, 사건을 발견할 수 있게 된다. 자신의 인생의 변화를 맞게 된 순간인데 그 순간이 내 인생의 '결정적 시간 Time Moment'이다.

Time Moment 작성 가이드

― 작성방법 ―

❶ 아래 그래프처럼, 자신이 태어나서 지금까지의 시간을 5년 단위로 기록해 봅시다.

❷ 각 나이별로 아래에 맞게 각 3개씩 기호로 표시해 봅시다.
  👤 사람   좋건 나쁘건 나에게 영향을 미쳤던 중요한 사람들에 대한 기억
  ! 생각   훌륭하건 아니건 나를 이끌어 준 중요한 생각에 대한 기억
  ★ 사건   행복했던 슬프건 나를 변화시킨 결정적 사건에 대한 기억

❸ 영향력이 긍정적일수록 숫자가 높고. 반대일 경우 낮은 숫자에 기호를 표시합니다.

샘플

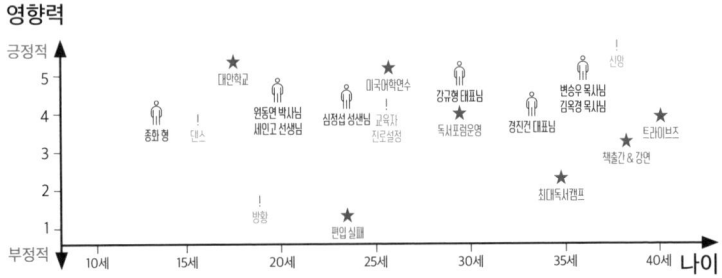

👤 **결정적 사람** 원동연 박사님, 심정섭 선생님, 강규형 대표님, 변승우 목사님
! **결정적 생각** 고등시절 방황, 대학교 4학년 교육으로 진로설정, 신앙에 대한 관점 전환
★ **결정적 사건** 대안학교 입학, 편입 실패, 미국어학연수, 독서포럼운영, 라이프 서핑

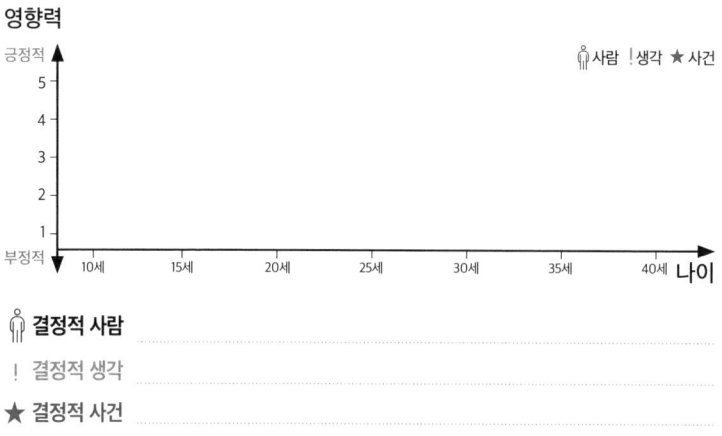

👤 **결정적 사람** ....
❕ 결정적 생각 ....
★ 결정적 사건 ....

　기록을 하며 그 시간들을 연결하여 현재의 자신을 돌아보자. 중간에 혹시 크고 작은 것들이 생각난다면 추가하여 기록해 본다. 우리가 잊혀 가고 있는 자신의 과거를 생각하며 현재의 자신을 정리해 보는 것은 자신을 이해하는 핵심적인 단서이다. 그리고 작성 후 다음의 것들을 질문해 보자.

🎯 Great Think

자신의 과거가 정리되었다면 다음의 질문들을 보며 생각해 보자. 자신에 대해 몰랐던 부분이 있거나 재확인 시켜주는 메시지가 있는지 찾아보는 것은 자신을 이해하는 데 많은 도움을 줄 것이다.

Like 끌림 – 좋아하고 끌리는 것들은 있는가?
Better 재능 – 잘 배우거나 잘하는 것들은 무엇인가?
Happy 행복 – 행복함을 느끼는 순간이나 일들은 무엇인가?
Meaning 의미 – 자신이 의미 있게 여기는 것들은 무엇인가?
Give 기여 – 누군가에게 자신이 도움이 되는 것이 있었나?

자기기획 2단계 - Mission triple

꿈을 직업으로 정하는 것보다 자신의 존재에 대한 정의를 내려 나가는 것이 효과적이라 생각한다. 그러한 정의에 맞는 직종이나 직업을 찾는 것이 진정한 진로의 탐색이다. 진로가 설정된 후에도 시간이 흐르며 그것이 자신이 원하는 것인지 재확인하며 수정해 나가는 과정을 거쳐야 한다.

커리어에서는 한 가지의 꿈과 진로를 설정하여 집중하도록 가이드를 제시한다. 그러나 나의 경우 한 가지만을 정할 수 없었다. 그 이유는 하고 싶은 것들이 많았고, 한 가지로 나의 미래를 정의내릴 수 없었기 때문이다. 나는 하고 싶은 것 3가지를 정리하고 그것을 계속적으로 수정해 왔다.

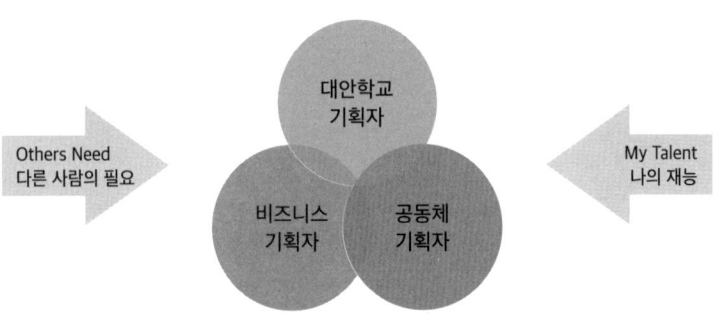

대안학교 기획자	대안학교를 기획, 설립, 후원, 개발, 지원, 교육, 컨설팅한다.
비즈니스 기획자	사업을 기획, 경영, 마케팅, 영업, 관리, 교육, 컨설팅한다.
공동체 기획자	공동체를 설립, 조직화, 기획, 지원봉사, 기부한다.

시간이 흐르고 돌아보니 그것이 효과적이었음을 깨달았다. 많은 사람들이 한 가지 직업을 가지고 있지만 실제 삶에서는 다양한 역할의 존재로 살아간다. 우리의 꿈은 직업으로도 나타나지만 자신의 역할에도 나타난다.

 Mission Triple 작성 가이드

― 작성방법 ―

세 가지 원에 들어가는 것은 역할, 직업, 커리어 등 자신이 되고 싶은 모습을 기록해 본다. 이 부분을 작성할 때 생각해 볼 것은 '타인이 나에게 필요로 하는 것'과 '나의 재능'의 교차점을 찾아내는 것이다.

JOB Triple

첫 번째 원   직업적으로 되고 싶은 모습
두 번째 원   내가 좋아하는 일 또는 역할
세 번째 원   사회에 기여할 수 있는 것

세 가지 원에 들어가는 모습은 무엇이든 상관이 없다. 계속적으로 수정하며 자신에게 맞춰 나가면 된다. 분명한 것은 시간이 지날수록 더 구체적이면서도 자기다운 자신의 모습을 정의 내릴 수 있다.

> **◎ Great Think**
>
> 위의 부분 외에도 존재의 원에 들어가는 내용으로 스탠포드 대학교의 명강의이자 스타트업의 바이블인 《제로투원》의 저자 피터틸의 가이드도 효과적이다. 피터틸은 어떤 일이든 3가지를 생각하라고 한다.
>
> 첫 번째 원 – 좋아하고 끌리는 것들은 있는가?
> 두 번째 원 – 내가 할 수 있는 일은 무엇인가?
> 세 번째 원 – 아무도 하지 않는 일은 무엇인가?

자기기획 3단계 – Dual Career

지금은 이전 세대와 다르게 수명이 더 길어진 시대에 살고 있다. 이전 세대는 50대에 은퇴를 하고 60~65세에 죽음을 맞이했다면, 현재는 50대에 은퇴를 하고 80세~90세까지 사는 장수 시대를 맞이하고 있다.

준비가 되지 않은 사람들에게 이 시간은 두려움의 시간이 될 수 있지만 준비된 사람에게 이 시간은 기회의 시간이다. 과거에 50세 이상을 산 것은 의료혜택을 받을 수 있는 부유한 사람만의 특권이었다.

현대의학으로 우리는 대부분 수명은 점점 더 길어지고 100세 시대가 되었다. 우리의 인생에서 최소 30년이란 시간이 더 주어졌다. 이 시간에 새로운 삶을 구축할 수 있는 제 2커리어를 만들어 낼 수 있다.

밥 버포드의 《하프타임》에서 죽도록 일하다가 은퇴하여 휴식을 취하는 과거의 낡은 방식은 지나가고 후반부를 전반부보다 더욱 창조적이고, 더욱 의미 있고, 더욱 도전적이며, 더욱 많이 배우고 헌신하는 삶으로 만들 수 있다고 주장한다.

후반부 인생이 전반부 인생과 확실히 다른 것이 있다면 제 1커리어는 자신을 발견하고 재정적인 안정을 추구했다면, 제 2커리어는 자신에 대해 돌아보며 의미를 추구하는 활동에 이끌려 간다는 것이다. 경제적 자유가 있는 이들은 자신의 몸과 시간을 투자하여 의미 있는 일과 가치 있는 일을 하고 싶어 한다.

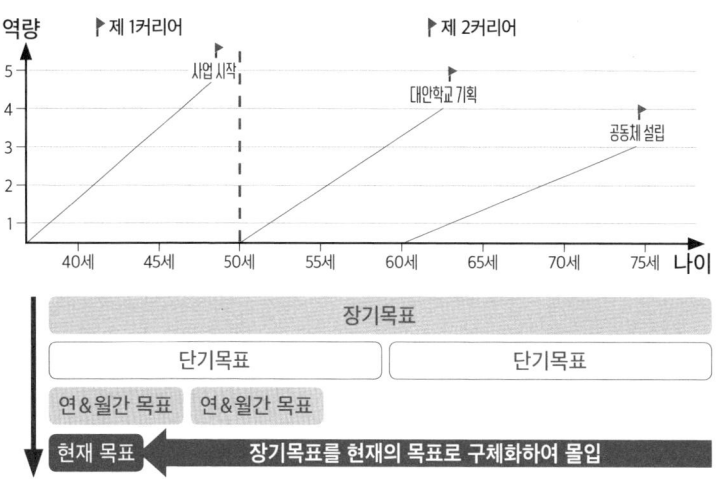

인생은 장기적이며 지속적이다. 그러한 과정에 필요한 것은 목표를 하나로 연결하는 것이다.

자신의 삶에 해야 할 것들에 대한 부분을 한번 기록을 해본다. 5년 단위로 하여 제 1커리어에서 달성해야 할 것들과 제 2커리어에서 달성해야 할 것들을 정리해 본다.

장기목표를 단기목표, 연간과 주간목표, 일일 목표로 세분화하는 것이다. 세분화하는 과정에서 현재의 몰입할 핵심 목표들을 도출할 수 있다. 이러한 목표를 매일 달성해 나가는 과정이 꿈으로 나아가는 과정이다. 해야 하는 것에 확신하는 순간 자신의 에너지를 몰입시켜 집중하고 자신의 능력을 극대화할 수 있다.

 Dual Career 작성 가이드

─ 작성방법 ─

❶ 자신의 현재 나이를 기준으로 5년 단위로 나이를 기록하여 줍니다.

❷ 50세를 기준으로 세로로 구분 선을 그려 줍니다. 자, 이제 제 1커리어와 제 2커리어가 구분되었습니다.

❸ 자신이 원하는 목표 혹은 되고 싶은 모습을 나이에 깃발 표시를 해주고 키워드를 적습니다.

❹ 그것을 시작하는 나이 시점과 달성 시점의 선을 이어줍니다.

❺ 마무리 된 후 아래에 달성목표, 시기, 롤모델, 핵심역량&필요역량, 핵심습관&시간 관리를 기록해 봅시다.

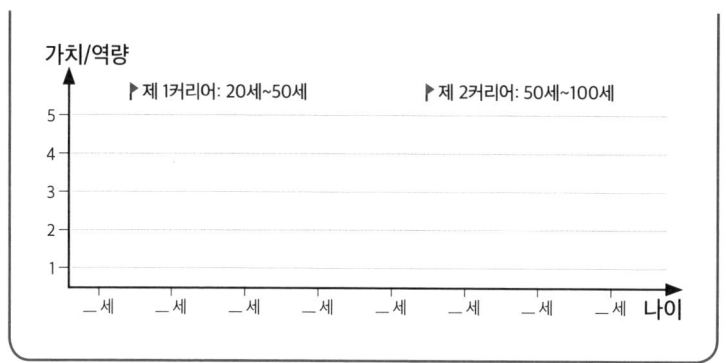

🎯 Great Think

기록이 마친 뒤 역산하여 현재의 나를 바라며 그것을 위해 현재 내가 해야 하는 것은 무엇인지를 생각해 본다. 그것은 더 명쾌하게 현재 내가 하고 있는 것들에 대한 의미를 정의내릴 수 있다.

- 나는 어디로 향하는가?
- 이 여정의 목적지는 어디인가?
- 이 여정을 위해 거쳐야 하는 과정은 무엇인가?
- 이 여정을 통해 나는 어떠한 사람이 되어야 하는가?

    꿈을 작성하고 나면 보통 3개월마다 수정을 해주는 것이 좋다. 몇 번의 수정 뒤 완성이 되었을 때는 1년~3년 주기로 하여 정기적으로 피드백을 해주는 것이 필요하다. 이러한 피드백이 필요한 이유는 꿈과 경험이 마주하게 되면서 새롭게 알아가게 되는 것들이 있기 때문이다.

기록하고 보완하고 계속 수정해 나가는 과정에서 꿈은 더욱 정교하게 업그레이드 된다. 나의 목표는 미래의 정답을 제시하는 것이 아니라 방향을 제시하는 것이다. 계획을 통해 얻고자 하는 것은 삶의 방향성이다. 우리는 그 방향에서 현재 무엇을 해야 하는지 선택할 수 있다.

나는 어디로 가고, 어떤 사람이 되어야 하는가?

우리의 질문은 지속되어야 한다. 과거보다 더 나은 나로 이어주고, 자신이 원하는 공동체로 이끌어 줄 것이다.

PART 2

꿈이 이끄는 인생의 모험

이 문제 많은 세상을 인내심을 가지고 걸으라.
중요한 보물을 발견하게 되리니.
그대의 집이 작아도, 그 안을 들여다보라.
보이지 않는 세계의 비밀들을 찾게 되리니.
나는 물었다.
"왜 나에게 이것밖에 주지 않는 것이죠?"
한 목소리가 대답했다.
"이것만이 너를 저것으로 인도할 것이기 때문이다."

— 페르시안 시인 잘랄 루딘 —

어느 마을의 두 농부가 도토리 씨앗을 각자 자신의 땅에 심었다. 심는 것은 같았지만 그 이후 그것을 가꾸는 방법은 조금 달랐다. 한 사람은 씨앗을 심기만 하고 잘 돌보지 않았다. 그러나 다른 한 사람은 달랐다.

그는 '이 도토리는 큰 나무가 될 거야' 생각하며 매일 물을 주고, 새싹이 나자 동물들이 밟지 못하게 울타리를 만들어 주었다. 시간이 지나고 새싹이 작은 가지가 되었다. 그는 기뻐하며 잘 자랄 수 있도록 비료와 지지대를 세워 주었다. 그렇게 매일 농부는 나무를 가꾸어 주었다.

시간이 지난 후 누구의 씨앗이 큰 느티나무가 되었을까? 그것은 당연히 두 번째 농부의 씨앗이다.

그 도토리가 나무가 되게 한 것은 무엇이었을까?

바로 농부가 씨앗을 심고 가꾸며, 언젠가 나무가 될 것이라는 믿음과 희망을 품었기 때문이다. 그리고 그러한 믿음과 함께 지속적으로 흘러간 시간의 결과였다. 농부의 믿음과 행동으로 도토리 씨앗은 오랜 시간 후 나무로 성장하게 된 것이다.

우리의 꿈도 마찬가지이다. 꿈을 가진 사람은 그 꿈이 성장할 수 있도록 믿음과 희망을 가지고 잘 돌보며 키워 나가야 한다. 꿈을 가진 이들은 꿈에 맞게 자신을 관리하고 만들어 나가는 과정을 반드시 거친다. 꿈은 미래에 대한 희망뿐 아니라 현재에 우리의 삶 속에서도 다른 이들이 보지 못하는 것들을 보게 만들어 준다.

꿈꾸는 사람들은 꿈에 관련된 경험들에 이끌리기 마련이다. 자신의 꿈과 연관된 책, 상황, 사람 등 다양한 형태로 보여지며 이끌려진다. 그 이끌림은 꿈에 대해 한 발짝 더 나아갈 수 있도록 만들어 준다.

이러한 꿈에 대한 경험들은 우리를 성장시켜 주며, 우리를 공동체로 이끌어 준다. 우리 삶의 특정한 시간 속 독특한 경험들은 우리와 함께 하는 이들에게 희망을 주는 메시지를 만들어 내기도 한다.

Chapter 01

독특한 경험이 만드는 정체성 자본

꿈을 가지고 살아가는 과정은 자신만의 독특한 경험을 만들어 내고 그 경험은 자신의 메시지를 만들어 낸다.

경험주의 교육자이자 철학자인 존듀이는 《존 듀이와 교육론》이라는 책에서 다음과 같이 말했다.

> "우리 인생에서 행복은 경험이 주는 교훈을 겸허히 받아들이는 데서 생겨난다. 경험이 주는 교훈을 믿는다면 무한한 발전과 무한한 성장의 환희가 뒤따른다. 그러나 기쁨은 곤란이나 패배의 한가운데서도 가능하다. 여러 가지 일에 부딪히면서 얻게 된 소중한 경험들을 내 인생과 세상이 보다 아름다워지는데 밑거름이 될 수 있기에 경험을 잘 활용하라."

어제의 경험은 내 삶의 오늘에 영향을 미치고, 오늘의 모든 경험은 내일을 이루는 중요한 요소가 된다. 이 모든 경험들은 하나로 연결되어 자신을 만들어 낸다.

꿈을 가진 이들은 내면에서 오는 확신으로 삶의 모든 경험을 소중히 여긴다. 이러한 경험들이 누적되어 가면서 그 사람만의 정체성을 형성해 나간다.

메리 앤틴Mary Antin 저술가는 인간은 한꺼번에 태어나지 않고 조금씩 태어난다고 말했다. 우리의 경험들은 인생의 한부분이 되고 정체성의 색깔을 더 분명하게 만들어 나간다.

《제대로 살아야 하는 이유》라는 책에서 멕제이 교수는 이것을 '정체성 자본'이라고 말했다.

정체성 자본이란 오랜 시간을 통해 형성된 자신의 전문성, 가치관, 문제해결능력뿐 아니라 외모, 말투, 성격, 인적 자원을 포함한다. 이것들은 사회에서 우리가 영향력을 발휘하거나 가치 있는 것들을 만들어 낼 수 있는 밑천이라고 할 수 있다. 자신의 안에 있는 것들을 발견해 나가는 과정에 노력을 들이면 확고한 정체성을 형성할 수 있다.

정체성 자본은 삶을 살아가는 자본이 된다.

우리의 지금 이 시간은 작은 인생이 모여 자신의 인생을 형성한다는 것을 기억해야 한다. 그것이 어떠한 경험이든 긍정적인 경험으로 전환하며 자기 내면의 재산을 쌓아 나갈 수 있어야 한다. 이러한 정체성 발달 과정에서 의미를 해석해내는 과정은 매우 중요하고 지속되어야 한다. 그것은 현재의 자신의 내면에서 꿈을 지속할 수 있는 힘을 만들어 준다.

그때 자신에게 필요한 것과 다음으로 나아갈 방향이 분명히 정해지며 그 길로 나아갈 때 성숙한 모습으로 성장할 수 있다.

또한 시간이 지난 후 꿈에 다가갔을 때 지금의 정체성을 쌓아가는 과정의 시간들이 어떠한 영향을 미쳤는지 분명히 발견할 수 있다. 당신의 정체성이 뚜렷해질수록 영향력의 범위는 더 커진다.

에이브러햄 링컨은 "결국 중요한 것은 살아온 날이 아니라 살아온 날 속의 삶이다."라고 말했다.

왜 살아야 하는지를 아는 사람은, 삶에서 마주하는 일들에 어떻게 대처해야 할지도 알게 된다. 왜 살아야 하는지를 아는 사람은 어떠한 상황에도 이겨낼 수 있다. 자신이 가야 하는 길에서 외로움도 이겨낼 수 있다. 정신적으로 체력적으로 무너지는 시간이 오더라도 자신의 정체성을 아는 사람은 회복할 수 있다.

정체성을 찾아가는 여정 속에서 우리는 자연스럽게 진짜 내가 아닌 부분을 발견하고 비워내며, 진정한 나를 찾아가게 된다. 우리는 지난 시간 속에서 남들에게 보여지는 자신을 진정한 나라고 착각하며 살아가기 때문이다. 그러나 시간이 지나면서, 나의 위치와 모습들이 영원하지 않다는 것을 깨닫고, 진정한 내가 아닌 것이 무엇인지 알게 된다.

'나'라는 존재의 정체성을 발견할 때, 비로소 가장 '나'다운 모습을 마주할 수 있다.

경험의 성장 사이클

좋은 경험은 잘 경작해 놓은 땅처럼 삶에 유익한 것들을 제공해 준다. 사람들은 표면적인 토지나 자본이 많아지기를 원한다. 그것이 삶을 풍요롭게 만든다고 생각하기 때문이다. 하지만 경험을 통해 내면이 성숙한 이들도 풍요로운 삶을 유지해 나가는 것을 볼 수 있다.

자신이 꿈꾸고 생각하는 것들의 경험이 축적될수록, 삶에서 일어나는 문제들과 상황들에 대해 다양한 관점을 가질 수 있다. 시간이 지나면 이는 가치관에 영향을 주고, 삶에 대한 원칙으로 이어지게 된다.

경험의 축적과정

경험은 삶에 큰 영향을 미친다. 경험이 쌓이며 자신만의 원칙이나 삶의 기준이 형성된다. 삶을 살아가는 패턴을 만들어 낼 수 있다. 또한 각 개인의 특별한 경험은 공동체에서 귀중한 지적재산이 되기도 한다.

이러한 패턴은 그냥 경험을 체험하는 것이 아니라 적극적으로 대할 때 그 경험이 자신의 삶에 영향을 미치는 패턴을 만들어 낸다. 경험을 스치듯 경험하고 잊어버리는 것이 아니라 그 경험을 통해 성장과 배움의 기회로 만드는 것이다.

콜브Kolv의 경험학습곡선을 보면 경험을 통해 지속적으로 성장해 나가는 과정에 대해 볼 수 있다. 경험이 효과적인 학습이 되기 위해서 다음의 과정을 거치게 된다고 한다.

콜브Kolv의 경험학습모형

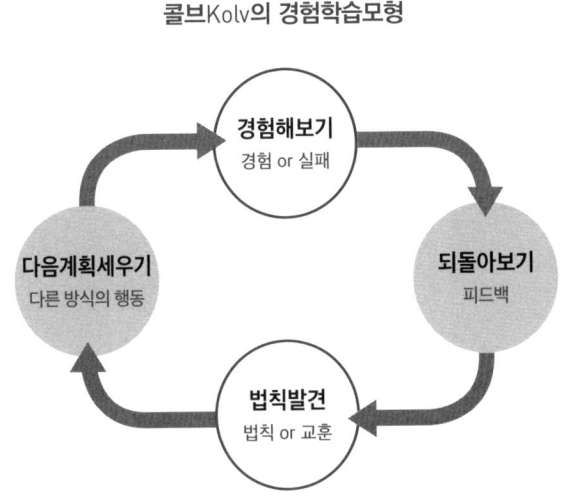

각 단계별로 경험의 성찰을 통해 고차원으로 나아가는 과정이다. 각 단계에서는 다음과 같은 질문을 통해 나아갈 수 있다.

❶ 경험해보기 - 어떤 성공 혹은 실패를 경험했는가?
❷ 되돌아보기 - 그 경험을 통해 무엇을 배웠는가?
❸ 법칙발견하기 - 그 경험에서 어떤 교훈이나 법칙을 발견했는가?
❹ 다음계획세우기 - 다음에는 어떻게 행동할 것인가?

    삶이란 우리가 태어난 순간부터 지금 이 순간까지 경험한 모든 일과, 그로부터 받은 영향을 안고 살아가는 것이다.

    우리의 경험들이 모두 완벽할 수 없다. 불확실한 현재를 살아가면서 누구나 실패와 실수를 할 수 있다. 실패와 실수의 경험을 잘 고쳐놓으면 우리의 현재와 미래에 큰 힘이 된다. 그러나 우리의 실패와 실수를 고치지 않는다면, 경험은 우리를 변화시키지 못할 뿐 아니라 그것은 우리에게 이전과 같은 피해를 입힐 수 있다.

    우리가 지나온 날들은 현재에 큰 영향을 미칠 뿐만 아니라, 인간관계, 선택, 문제 해결 방식, 그리고 삶을 바라보는 관점에까지 영향을 준다. 우리에게 주어진 경험들을 적극적으로 대하며 소중히 여기자. 이러한 과정은 자신뿐 아니라 미래의 공동체에서 어떠한 문제를 해결하고 목표를 달성할 때 큰 도움이 될 것이다.

Chapter 02

바쁜 삶 속에서 사라지는 꿈

우리의 삶 속에서 꿈이 명확히 잡혔는데 인생이 꿈을 향해 제대로 흘러가지 않는다면 그 이유는 꿈에 대한 시간을 쓰지 않았기 때문이다. 더 정확한 표현은 '바쁨'일 것이다. 모두들 시간이 없다고 말한다. 이러한 바쁨은 우리를 꿈으로부터 멀어지게 할 뿐 아니라 꿈을 함께 할 수 있는 공동체에 속하게 되는 기회들도 멀게 만든다.

꿈을 설정하였다면 그 꿈에 맞게 자신의 시간을 사용해야 한다. 시간을 잘 관리하면 꿈 이상의 것을 성취할 수 있을 뿐 아니라 현재의 어려움에 대한 두려움도 이겨낼 수 있다.

우리의 시간을 관리한다는 것은 우리의 삶을 관리하는 것이나 마찬가지이다. 시간의 낭비는 삶의 낭비나 마찬가지이다. 삶의 크기는 우리에게 주어진 시간의 크기로 측정할 수 있다. 사형선고를 받은 사람은 이 세상에서 제한된 시간을 선고 받는다.

우리가 시간을 관리한다는 것은 시간의 방향성을 만들어 내는 것이다. 그러나 그것은 바쁘기만 한 삶을 의미하는 것은 아니다.
  꿈을 성취해 나가는 과정에서 바쁜 사람이 되어야 한다는 것은 하나의 착각이다. 꿈을 이루어 나가는 사람들의 삶은 오히려 반대이다. 삶의 균형을 만들어 내고 조화를 이루어 낸다. 진정 의미 있고 가치 있는 삶을 만들어 낸다. 꿈을 이뤄 나가는 것은 얼마나 빨리 도달하느냐가 아니라, 어떤 방향성을 가지고 삶을 살아가느냐의 문제이기 때문이다.

바쁘면 중요하다고 생각하는 사람들

  경영학의 아버지 피터 드러커 역시 "어떠한 과정에 있어서 그 성과를 좌우하는 것은 가장 부족한 자원, 즉 시간이다."라고 하였다. 유럽의 피터 드러커라 불리는 영국의 경영철학자 찰스 핸디는 자본주의 사회를 설명하며 평생의 시간을 기회와 소비로 비유하였다. 하고 싶은 것들이 많아질수록 시간이 부족하고 돈이 많아질수록 할 일이 많아져 시간이 부족해진다는 것이다.
  그래서 시간은 언제나 중요해왔다. 아이러니하게도 시간이 중요하다고 인식할수록 시간은 점점 빨라지기 시작한다.

  미래학자 앨빈 토플러는 세계는 이제 강자와 약자로 구분하는 것에서 빠른 자와 느린 자로 구분하고 있다고 말했다. 빨라질수록 더 많은 가치를 만들어 낼 수 있고, 빠른 것에 사람들이 선호하기 때문이다. 생존의 기준은 스피드이고 빠른 것이 위대해지고 빨라지기 위해 기업과 사회는 계속적으로 진화할 것이라고 한다. 개인에게 있어서도 직장에서 바쁜 사람은 능력 있는 사람으로 인식되는 경향이 있다.

<u>바빠질수록 중요한 인물이 되는 것이 아니다.</u>

우리는 바쁘면 바쁠수록 그만큼 더 중요한 인물인 양 스스로 생각하고 남들에게도 그렇게 비칠 것이라고 추측한다. 친구와 가족을 위한 시간이 없는 삶, 황혼의 태양을 음미할 시간이 없는 혹은 해가 이미 진 것조차 알지 못하는 삶, 한번 심호흡할 시간조차 없이 정신없이 일에 쫓기는 삶, 이런 모습이 성공한 인생의 모델이 되어 버렸다.

IT기술, 과학, 의료등의 발달로 더 여유 있게 만들어 줄 것이라고 홍보한다. 그러한 환상은 오히려 더 바쁘게 만들었다. 찰스 핸디의 말처럼 그것을 누리기에 너무 바빠진 사회가 되어버렸다.

지금 바쁘고 느림의 시간의 굴레에서 벗어나 주어진 시간에 무엇이 중요하고 중요하지 않은지를 돌아봐야 한다.

시간은 중요하다. 역사 속의 시간에 대한 원리와 철학을 가졌던 사람들은 시간을 낭비 없이 바쁘게 쓰는 것을 말하고 있지 않는다. 그들의 시간철학은 시간이 중요하다고 말하는 것이다. 그 중요함은 자신의 개인의 삶과 존재에 따라 달라진다.

시간의 덫

시간 관리에 대한 발전은 대부분 산업화 시대에 체계적으로 발전했다. 산업화 시대에 시간은 하나의 자원으로 인식되었다.

산업화의 특징을 살펴보면 사람들의 시간과 노동이 들어가면 생산이 이루어진다. 시간이 투자될수록 생산성을 통해 수익을 창출하게 되는 원리이다. 그렇기에 직원들에게 가장 효율적인 시간 관리가 필요한 것이었다. 즉 '시간은 돈이다'라는 논리에 경영자들은 업무 시간을 빈틈없이 시간의 낭비를 제거하는 것을 목표로 한다.

이들의 시간관점은 생산성이다. 그렇기에 생산성에 맞춘 시간 관리는 일과 삶의 영역에서 균열이 발생한다. 일이 바빠질수록 개인의 삶의 영역은 우선순위에서 밀려나게 된다. 우리 주변에 능력 있는 사람들이 바빠서 일과 삶에서 균형을 맞추지 못하는 것들은 어렵지 않게 볼 수 있다.

<u>바쁨은 우리 삶의 중요한 것들을</u>
<u>우선순위에서 밀려나게 한다.</u>

프린스턴신학대학교에서 진행된 고전적인 '선한 사마리아인' 실험을 진행한 심리학 교수 존 달리와 대니얼 뱃슨은 실험을 통해 사람들이 일상의 속도가 빨라지면 인지영역이 좁아진다고 지적하였다. 사람들은 자신보다 적게 가진 사람들의 처지를 고려하거나 이웃

을 도울 시간이 없다고 생각한다. 일상에 서두르는 사람은 공감능력이 점점 줄어든다. 시간이 없을수록 감성적인 교감을 가져야 하는 이웃과 가족에게 소홀해지는 것이다.

<u>일상의 속도가 **빨라질수록**
자신의 중요한 원칙들은 무너진다.</u>

너무 빨리 움직이면 깊이 자리 잡은 가치관조차 무너뜨릴 수 있다. 바쁜 일과 속에 파묻히면 무슨 일을 하고 있는지 잊어버린 채 자신과 공동체, 사회에 진정으로 중요한 것이 무엇인지 생각하지 않는다. 바쁜 시간을 이어나가면 우리의 내면의 원칙과 가치들을 생각할 틈이 없어지는 것은 당연한 것이다. 자신에게 진짜 중요한 것들도 잊히게 된다. 가치 있는 커다란 꿈과 매일 하는 행동을 연결하지 않는다.

반면 속도를 늦추면 다른 사람들을 더욱 폭넓게 생각할 기회가 생긴다고 말한다.

자신의 사용하는 시간을 가장 잘 아는 사람은 바로 자신이 되어야 한다. 결론적으로 시간 관리를 잘한다는 것은 자신을 이해하고 자신의 시간을 주도적으로 이끌어나간다는 것이다.

자신의 시간을 <u>스스로</u> 이끌어가지 않으면 시간은 다음과 같이 흘러가게 된다고 고든 맥도날드는 경고하고 있다.

❶ 시간이 나의 약점으로 흐르게 된다.
❷ 내 주변의 공격적인 사람들이 나의 시간을 주도하게 된다.
❸ 급한 일에 시간을 사용하게 된다.
❹ 칭찬과 사람들을 의식하는 데 투자된다.

시간에 대한 방향이 없다면 시간은 타인에 의해 흘러가거나 주위의 환경에 함께 흘러간다. 그것은 자신의 시간이 아니다. 일정 시간이 흐른 후 자신의 시간이 아닌 것에 후회를 남기기 마련이다.

일하지 않는 시간을 위한 시간 관리

시간은 심리적으로 바쁜 이들에게 더 바쁘게 돌아간다. 시간이 없다고 인식할수록 시간이 부족하다고 느껴지는 것이다. 하지만 시간은 바쁜 시간의 성과 속에 부유함을 주지만, 휴식과 쉼을 통해 삶의 풍요로움을 느끼게 해준다. 현재 우리의 삶은 밸런스가 필요하고 리듬을 만들어 내는 것이 필요하다.

그러한 시간을 만들어 내는 것은 쉼을 통해 시작된다. 그 시간에 자신의 존재와 목적에 대해 생각하며 의미를 찾아내는 것이다. 오히려 그렇게 할 때, 전체적으로 더 빠르고 효과적으로 미래를 향해 나아갈 수 있다.

우리 주변에 현명한 이들은 바쁜 일상 속에 더 바빠지기보다 자신을 가다듬을 수 있는 쉼의 시간을 정기적으로 확보하는 사람들이 있다.

일하지 않는 시간을 위해 시간을 관리하라.

시간을 우리의 꿈으로 더 효과적으로 다가가기 위해서 우선 바쁜 일상 속에서 일하지 않는 시간을 확보하는 것을 목적으로 해야 한다.

시간 관리의 목적으로 일하지 않는 시간을 확보하기 위한 것이라면 현실적이지 못하다는 느낌이 들 수도 있다. 하지만 이것은 현재 하고 있는 일을 효과적으로 하기 위해서도 필수적이다. 이 시간을 통해 더 창의적인 아이디어와 동기부여를 얻을 수 있다.

예일대와 이스라엘 최고 명문대 히브리대학교에서 학생을 가르치는 마릴린 폴은 《일하지 않는 시간의 힘》에서 바쁘게 살아가는 이들에게 쉬는 법을 알아야 나를 지킬 수 있다고 말하며 일하지 않는 시간의 중요성을 알려주고 있다.

휴식시간 동안 온전한 자신을 돌아보며 회복할 수 있기 때문이다. 온전히 쉴 수 있는 시간을 확보하여 그 시간에 자신의 긴장을 늦추고 자신이 좋아하는 일 또는 자신이 좋아하는 사람과의 시간을 보낼 수 있어야 한다고 주장한다.

예로부터 유대인들은 안식일을 5,000년 동안 지켜오며 삶을 이어 왔다. 그들은 쫓기듯 일하지 않았고 쉼의 시간을 중요시 여겼다. 일주일 중 하루, 안식일을 정해 그날은 모든 고민과 일을 멈춘 채 지난 한주를 돌아보고 자신이 행복해질 방법을 찾았다. 자신을 계속 일하게 만드는 것들에 벗어나 자유롭게 휴식을 누린 것이다. 이 쉼의 시간은 더 많은 성과를 내기 위함이 아니라 자신이 원하는 인생을 보내기 위한 시간이었다.

그는 사막같이 바쁘고 척박한 삶에서 오아시스와 같은 시간이 누구에게나 필요하다고 주장한다. 삶에 오아시스와 같은 휴식시간을 확보하는 방법으로 다음 5가지를 소개하고 있다.

❶ 나의 시간을 보호하고 준비하라 : 쉬는 날을 준비하고 계획하라.
❷ 시작과 끝을 정하라 : 쉬는 시간을 명확하게 지켜라.
❸ 디지털 기기를 멀리하고 사람과 마주하라.
❹ 속도를 늦추고 음미하라 : 속도를 늦추면 마음의 속도도 늦춰진다.
❺ 성과가 아닌 휴식, 성찰, 놀이에 집중하라 : 그래야 자유로워진다.

이와 더불어 온전한 휴식을 위해서 쉬어야 하는 자신만의 중대한 이유를 찾으라고 말한다. 그리고 그것이 정말 중요한 시간이 되게 만드는 것이 필요하다. 그 시간을 갖지 못하는 이유는 신경 쓰지 말고 필요한 이유에만 집중하는 것이다.

그 다음 우리 삶에서 소홀해진 인간관계, 나빠진 건강, 가라앉은 기분 등 지금과 같은 생활방식에 따른 대가를 생각해 본다.

마지막으로는 친구와 보내는 시간, 숙면, 평온한 마음 등의 시간을 가지는데 혜택을 생각해 보는 것이다. 이러한 생각들은 우리가 왜 쉬어야 하는지 의미와 중요성을 찾을 수 있게 만들어 준다.
　우리의 시간 관리의 목적은 일하기 위한 것이 아니다. 미래를 꿈꾸기 위해 일하지 않는 시간을 확보하는 것이다. 또한 자신의 시간에 존재의 의미를 되새기는 것이다.

'나의 시간 속에 나의 존재는 무엇을 보여주고 있는가?'

　바쁘기만 한 시간에서 벗어나 바쁘지 않은 시간의 확보는 이 질문에 깨달음을 주고 자신의 꿈에 다시 방향을 돌릴 수 있도록 제안할 것이다.

Chapter 03

주도적 삶을 위한 시간 관리 전략

 소설가 도스토예프스키는 스물여덟 살 때 내란 음모의 혐의를 받아 사형선고를 받게 되었다. 그의 사형 때 극적인 시간은 그의 소설 《백치》에 잘 나타나 있다. 사형대에 서서 사형예정 시간을 보니 자신이 이 땅에서 살 수 있는 시간이 단 5분 남아 있었다. 28년간을 살아왔지만 이렇게 단 5분이 천금같이 생각되어지기는 처음이었.

 이제 5분을 어떻게 쓸까 생각해 보았다. 친구들에게 인사하는 데 2분이 걸리고, 오늘까지 살아온 생활과 생각을 정리하는 데 2분을 쓰기로 했다. 남은 1분은 오늘까지 발을 붙이고 살던 땅과 눈으로 볼 수 있는 자연을 마지막 한번 둘러보는 데 쓰기로 했다.

 마지막 인사를 하는 데 2분이 지나고 이제 자기 삶을 정리해 보려고 하는데 자신이 이제 어디로 갈 것인가를 생각하니 눈앞이 깜깜해지고 아찔해졌다. 사형대에서 이렇게 생각했다.

'내가 죽지 않는다면 만약 내가 살아남는다면 인생의 단 1초도 소홀히 하지 않았을 텐데.'

그는 과거의 시간의 낭비에 깊은 뉘우침에 사로잡혔다. 그때 총에 탄환을 재는 소리가 들렸다. 그는 죽음의 공포에 떨었다. 바로 그때였다. 순간 형장 안이 떠들썩하더니 한 병사가 흰 수건을 흔들면서 달려오고 있었다. 황제의 특사령을 가지고 왔던 것이다.

그는 풀려나 4년의 형을 받았고 시베리아 유형생활을 하면서 인생의 문제에 대해 깊이 생각하게 되었다. 그 이후에 죽는 날까지 마치 페이지 하나하나, 작품 하나하나가 자신의 마지막 작품을 될 것처럼 불후의 명작을 연달아 냈다.

시간의 가치는 그것을 사용하는 사람에 따라 달라진다.

하버드 대학교 크리스텐슨 교수는 남은 시간을 바라보는 태도가 우리의 삶의 방향을 정하고 그에 따라 우리가 추구하는 목표가 형성된다고 주장하였다. 우리의 현재의 시간과 미래의 남은 시간을 어떻게 사용할지에 따라 우리의 삶은 변화된다는 것이다.

똑같은 시간이라도 그것을 사용하는 사람에 따라 길어지거나 짧아질 수 있다. 자신의 시간을 미래의 목적 없이 사용한다면 그 시간은 바쁘게 흘러갈 것이다.

시간은 자신의 존재를 정의한다

시간 관리는 이미 말했듯이 생산성에 맞춰진 산업화된 시간 관리를 지향해 왔었다. 하지만 지금의 시간 개념은 단순히 일과 성과가 아니라, 삶과 균형을 맞추고 미래의 존재 가치를 높여 나가는 것으로 방향을 잡아야 한다.

시간의 생산성이라는 덫은 대부분 시간을 관리하는 사람들이 가지고 있는 특징이다. 생산적인 성과에 초점이 맞춰질 때 시간은 단기적이며 현재를 최대한 효과적으로 쓰는 관점으로 시간을 바라본다. 그들의 시간은 매우 효과적으로 관리하지만 바쁨에서 벗어나기 어려울 수 있다.

똑같은 시간일지라도 우리가 시간 속에서 보는 것은 존재의 가치를 바라보는 것이다. 철학자 하이데거는 《존재와 시간》에서 우리의 '존재' 그 자체에 초점을 맞춘다. 인간이 '존재한다'라는 고민은 인간의 유한한 시간과 뗄 수 없는 관계에 있다고 말한다.

<u>시간은 우리의 존재이다.</u>

우리의 시간은 우리의 존재를 나타내는 것이고 죽음으로 가기까지 우리의 존재를 증명하는 것이다. 이러한 관점은 우리에게 시간을 현재의 단기적인 관점에서 장기적인 시각을 제공해 준다. 시간이란

우리의 존재 가치를 높여 나가는 장기적인 시각에서 출발해야 한다는 것이다.

시간 개념의 관점 전환

시간을 존재 가치에 둘 경우 시간은 미래로 흘러가기 시작한다. 여기서 우리는 질문을 해야 한다. '나의 시간은 어디로 향하고 있는가?' 이 질문은 이와 같은 말이다. '나는 어떠한 존재가 되기 원하는가?'

시간은 자신의 존재 가치를 미래로 이끈다

시간은 우리의 탄생과 함께 시작된다. 우리의 존재와 함께 시간은 미래로 흘러가는 것이다. 미래에 어떠한 꿈이 있다면 그 사람의 시간은 꿈으로 흐르게 될 것이고 그것이 변하지 않는다면 그 시간이 되었을 때 그 꿈을 이룬 사람이 된다는 가정으로 시작해 보았으면 한다.

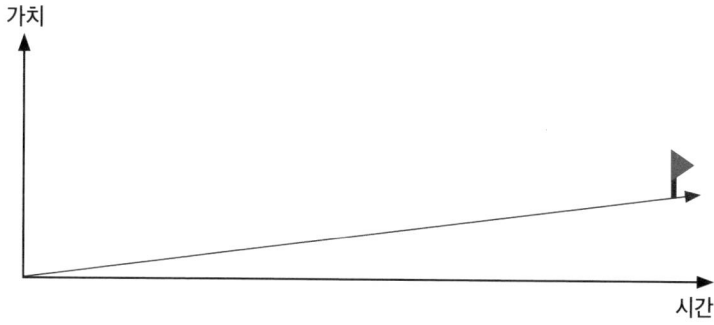

　이때 우리는 유한한 삶을 살아가기에 미래를 향한 시간 관리는 2가지의 전략적인 방향성을 가지게 된다.

　한 가지는 미래의 우리 존재를 현재로 앞당기는 것이다. 즉 꿈과 달성하고자 하는 것들을 효과적으로 시간을 활용함으로 앞당기는 것이다. 이것은 시간의 특징을 활용하여 자신의 라이프스타일과 환경에 맞게 효과적으로 사용하는 것이다.

　다른 한 가지는 우리가 존재하는 현재의 시간 가치를 높이는 것이다. 누구나에게 시간은 똑같은 가치가 아니다. 일반적인 사람의 1시간과 전문적인 사람의 1시간은 다르다. 또한 꿈을 가진 사람과 그냥 시간을 보내는 사람의 시간도 다르다. 우리의 존재 가치가 높아질수록 시간의 가치는 높아진다.

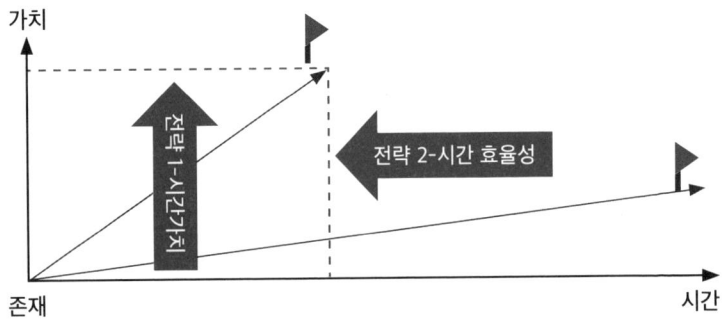

> **시간 전략 1** – 시간의 가치 높이기 – 시간의 질을 높인다.
> **시간 전략 2** – 시간의 효율성 – 효율적으로 시간을 사용한다.

우리의 유한한 시간을 효과적으로 사용하는 것은 시간의 흐름 속에서 시간을 효과적으로 사용하여 우리의 목표한 것들을 앞당기는 것과 현재 시간의 주인인 자신의 존재 가치를 높이는 것이다. 대부분의 시간 관리는 이러한 패러다임 안에서 구성되어 있다.

전략 1. 자신의 존재 가치 높이기

자신의 존재 가치를 높이는 방법은 기본적으로 3가지로 정리해 볼 수 있다.

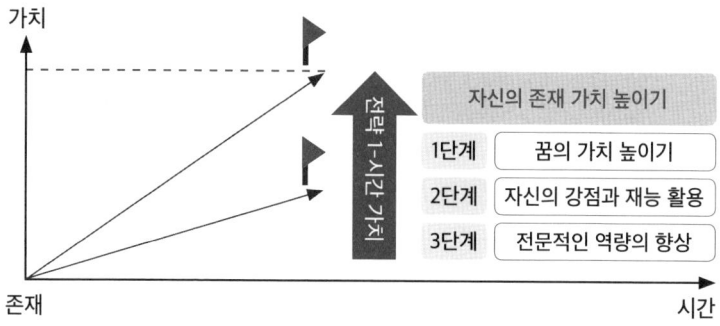

전략 1. 시간의 주인인 자신의 가치를 높이는 것

꿈이 있는 사람들은 자신에게 주어진 모든 일들과 환경을 꿈에 연결시킨다. 사용하는 시간을 의미 있게 만들고 그것을 통해 경험을 만들어 낸다.

<u>시간 속에 자신의 존재 가치를 높여라.</u>

또한 자신의 강점을 활용하여 일하고, 그것을 극대화하여 전문적인 영역에서 주어진 시간의 경쟁력을 높인다. 지식적인 부분이라면 그 사람의 전문적인 관점과 생각은 많은 의사결정에 영향을 준다. 모든 시간이 똑같은 시간이 아니다. 존재와 의미에 따라 그 시간의 가치가 달라지는 것이다. 시간 관리의 목적은 그 시간의 가치를 높이는 것이다.

시간에 따라 자신의 가치를 어떻게 변화시켜 나갈 것인지 장기적인 관점에서 바라보아야 한다. 시간은 그 생각하는 방향으로 그 존재를 만들어 줄 것이다.

전략 2. 시간을 효율적으로 사용하기

시간 관리의 다른 관점은 시간의 효율성이다. 이 효율성은 단기적인 생산성에 관점을 두는 것이 아니라 장기적인 관점에서의 효율성이다. 어떻게 미래의 시간을 현재로 앞당기느냐가 포인트이다.

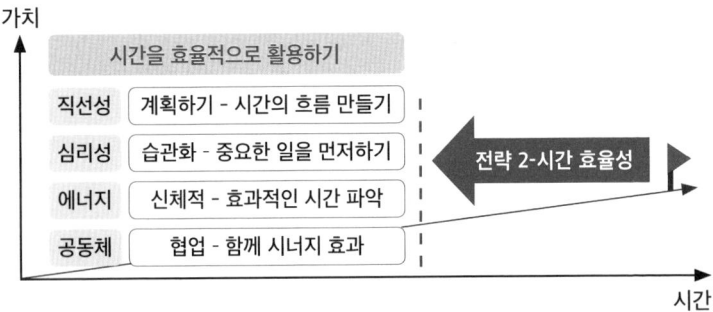

전략 2. 시간의 특징을 이해하고 효과적으로 활용하는 것

시간을 효율적으로 사용하면 미래를 현재로 앞당길 수 있다. 즉 자신이 계획한 것들의 시간을 줄일 수 있다는 것이다.

시간을 효율적으로 활용하여 미래로 앞당기는 것은 다음의 시간의 특성을 이해하고 적용해 볼 수 있다.

시간의 직선성

시간의 직선성

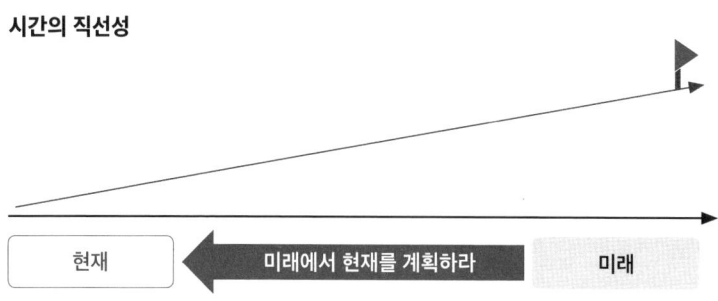

시간은 현재에서 미래로 흐른다. 시간은 우리가 매일 보는 24시간의 시계처럼 반복적인 원운동을 하는 것이 아니다. 시간은 되돌릴 수 없는 직선운동을 하고 있는 것이다.

미래에 대해 우리가 결정적으로 아는 것은 실제로 아무것도 없다. 또한 누구도 예측할 수 없다. 우리는 미래의 계획들을 준비할 수 있다. 그것을 준비하는 것은 시간의 직선적인 흐름을 미리 그려 보는 것이다. 인생의 목표가 있는 사람은 그 목표를 향해 시간을 계획하고 활용한다.

마크 트웨인은 "목표를 시야에서 완전히 놓쳐버리고 나면 우리는 두 배로 더 노력해야 한다."라고 했다. 목표가 없이는 아무리 좋은 시간 관리도 도움이 되지 않는다. 왜냐하면 행동의 최종 상태가 불확실하기 때문이다.

장기적인 목표는 세부적인 목표로 쪼개어 현재의 과정으로 이어진다. [장기 목표 – 단기 목표 – 연간 – 월간 – 주간 – 현재]로 연결된다. 이 목표들을 통해 현재에 자신에게 질문을 한다.

'나는 지금 하고 있는 일을 통해 나의 목표에 더 가까이 다가가게 되는가?'

이 부분에서 삶의 우선순위와 현재의 집중할 부분에 몰입할 수 있는 동기부여를 얻을 수 있다. 신기한 것은 이러한 동기부여는 단계별로 해야 할 것들을 더 앞당긴다는 것이다. 시간의 여유는 이러한 미래를 지속적으로 앞당기도록 만든다.

<u>미래의 시간을 앞당겨라.</u>

미래는 기다리는 자의 것이 아니라 지금을 소중히 여기는 사람들의 것이다. 모두가 똑같이 주어진 시간에서 어떤 이들은 가치 있는 꿈을 가지고 나아가는 반면 어떤 이들은 현재의 굴레에서 반복하게 된다. 미래에 대한 자신이 없다면 시간은 현재의 존재에서 맴돌게 된다.

시간의 심리성

중요한 일과 쉬운 일이 혼합되어 여러 가지 일이 동시에 주어졌을 때 자신은 어떠한 타입인가?

A. 쉬운 일을 먼저 하고 중요한 일을 나중에 여유 있게 한다.
B. 시간이 걸리더라도 어려운 일을 먼저 하고 쉬운 일을 나중에 한다.

사람들은 심리상 하기 싫거나 어려운 일들은 미루고 쉬운 일들을 빨리 끝내려는 성향이 있다. 어려운 일들은 나중에 충분한 시간을 가지고 여유있게 해야 한다고 생각한다. 하지만 실제로 그렇게 이루어지지 않는다. 어려운 일은 미뤄질수록 마무리가 어려워지는 특징을 가지고 있다.

시간의 심리성

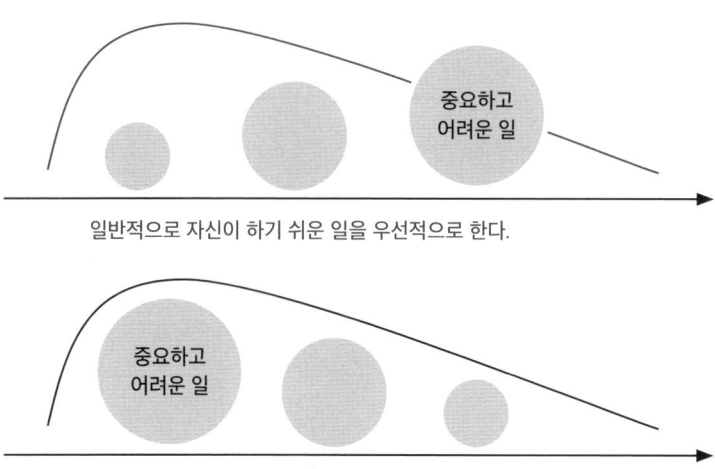

일반적으로 자신이 하기 쉬운 일을 우선적으로 한다.

하루의 시작을 중요하고 어려운 일부터 한다.

자신에게 중요하지만 어려운 일을 먼저 시작하라.

하루를 시작하며 어떤 업무로 시작하는가? Eat the frog.라는 미국 속담이 있다. 아침에 일어나서 가장 먼저 살아있는 개구리를 삼키라는 것이다. 개구리는 가장 힘들거나 거북한 과제를 의미한다. 하루를 시작하면 더 이상 나쁜 일은 일어나지 않는다는 뜻이다.

보통의 사람들은 하루를 미팅과 부수적인 일들로 시작한다. 성과를 내는 사람들은 새벽 아침시간에 자신의 하루의 전체를 무엇으로 채워질지 계획과 기획으로 시작한다. 아무도 방해받지 않는 시간에 중요한 일을 먼저 시작하고 마무리함으로 목표를 향해 나아갈 수 있는 것이다.

우리는 해야 할 중요한 일들이 진행되지 않는 상황에서 덜 중요한 일들로 시간을 빼앗긴다. 하루의 우선순위를 어떻게 배치하는가 그리고 그것을 어떻게 처리해 나가는가에 따라 성과에 큰 영향을 미친다. 업무나 자신의 삶에서도 마찬가지이다. 하루를 시작할 때 가장 중요하고 어려운 일을 먼저 하면, 시간이 흐르면서 그것이 서서히 해결되고 마침내 열매를 맺는 것을 경험할 수 있다.

시간의 에너지

하루의 시간을 돌아보면 자신의 신체적 에너지가 가장 높을 시간이 있다. 이것을 크로노타입^{chronotype}이라고 한다. 그것은 생리적, 심리적 영향을 주는 24시간 주기 생체 리듬의 패턴이다. 자신의 생체 리듬을 파악하면 하루 중 어떻게 해야 할 일들을 효과적으로 할 수 있는지를 배정할 수 있다.

신체적 에너지가 최고일 때 중요하고 집중도 높은 일을 할 수 있게 배정해 주는 것이 효과적이다. 반대로 신체적 에너지가 낮은 시간에는 단순한 업무 또는 휴식을 하여 회복을 해주는 것이 좋다. 보통 사람들의 최적의 에너지 시간대는 오전 8시~11시이다. 사람마다 조금씩 다르지만 하루에 2번의 최대의 에너지 시간이 주어진다. 이러한 시간대를 아는 것은 시간을 활용하는 데 매우 중요하다. 조직에서도 팀원들의 신체적 에너지를 파악하여 협업을 이끌어 내면 팀에 대한 성과를 높일 수 있다.

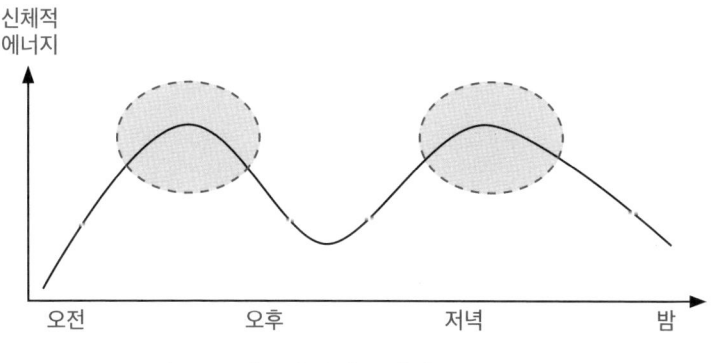

하루 중 최적의 시간을 발견하고 활용하라

<u>하루의 최적의 에너지 리듬을 발견하고 일을 배치하라.</u>

노벨 경제학상 수상자인 대니얼 카너먼과 오바마 정부 백악관 경제 자문위원회 위원장을 지냈던 앨런 크루거 등 다섯 명의 연구진은 '하루 재구성법'을 만들었는데 이것은 시간의 경과에 따라 기분의 변화를 도표로 작성했다. 하루의 모든 시간을 재구성하고 그 일을 하는 동안 기분이 어떠했는지 기록한 것이다. 연구 결과 즐거움은 오전 중에 갈수록 높아지고 오후에 낮아지다 저녁에 다시 높아지는 것을 발견했다. 자신의 즐거움이 높은 시간대에 관계나 업무능력은 효과적이다.

다니엘 핑크는 그의 저서 《When 언제 할 것인가》에서 해야 할 일들을 확인하여 일의 성격에 따라 중요하고 집중력을 요하는 업무는 자신의 최적의 시간에 배치한다.

일상의 모든 시간을 기록하며 살아 있는 삶에서 탁월한 성과를 냈던 류비쉐프라는 사람이 있다. 그는 시간 관리 분야에서 빠지지 않는 인물이다. 그의 삶을 연구한 다닐 알렉산드로비치 그라닌은 《시간을 지배하는 남자, 류비쉐프》라는 책에서 시간 통제에 대한 원칙 외에도 여러 가지 준칙을 발견할 수 있다. 그는 시간 관리에 대한 원칙들을 세우며 지켰다. 하지만 이 준칙들은 류비쉐프가 시간의 원칙 속에서 어떻게 성과를 낼 수 있었는지 그 비밀들을 볼 수 있다.

> **류비쉐프의 시간 관리 준칙**
>
> ❶ 나는 필히 완수를 강요당하는 과업은 맡지 않는다.
> ❷ 나는 긴급한 과업은 거절한다.
> ❸ 피곤하면 즉시 일을 멈추고 휴식한다.
> ❹ 열 시간 가량 푹 잔다.
> ❺ 피곤해지기 쉬운 일과 유쾌한 일을 엇갈려 한다.

이는 자기의 생활을 자기의 신체적 특성에 맞게 적성한 것이다. 그는 자신과 자신의 시간에 대해 알고 있었던 것이다. 그는 마치 다른 사람을 연구하듯이 자신을 연구하며 자신의 에너지를 이해하고 자신에게 맞게 시간을 활용해 나가며 시간의 풍요로움을 누린 것이다.

우리는 단지 모든 시간 중에서 최적의 시간만 알아도 시간활용에 도움이 된다. 자신의 신체적 에너지에 따라 중요한 일과 중요하지 않은 일들을 상황에 맞게 배치하여 활용할 수 있기 때문이다.

공동체 시너지

우리가 해야 하는 일들과 달성해야 하는 것들은 개인의 일일 수도 있지만 함께 협업이 가능한 것들이 대부분이다. 기본적으로 개인이 사용할 수 있는 시간은 한계가 있다. 그리고 할 수 있는 역량에도 한계가 있다. 이러한 부분에서 공동체는 시간을 협력하여 시너지 효과를 만들어낼 수 있는데, 이때 시간은 더하기보다 곱하기에 가깝다.

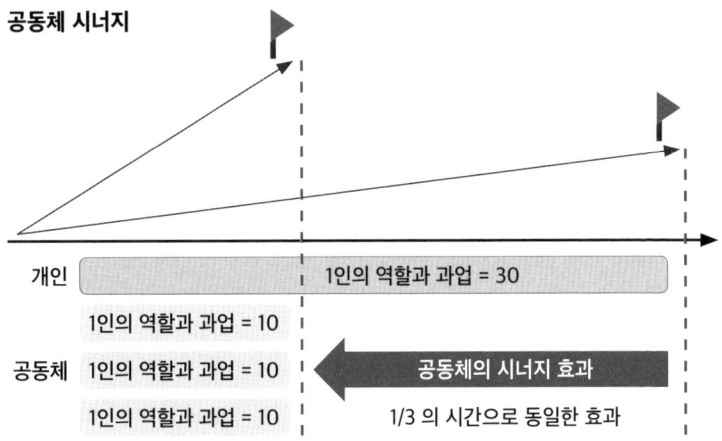

사람들과 함께 일하며 시간의 시너지를 만들어라.

그것은 각 사람마다의 시간의 활용능력은 모두 다르기 때문이다. 각자의 능력과 시간 사용 방식은 서로 다르지만, 함께할 때 시너지를 내는 사람들의 협업은 극적으로 효과적인 결과를 만들어 낸다.

각 역할이나 프로젝트에 맞게 사람이 배치되어 협업하는 것은 시간을 효과적으로 쓸 수 있게 만들어 준다. 분명 타인과 함께 일하기 위한 계획과 이에 따른 조율과 이해의 시간이 필요하다. 그러나 장기적으로 볼 때 시간을 효과적으로 활용할 수 있는 효과적인 방법이다.

쇼펜하우어는 시간에 대해 이렇게 말했다. "평범한 사람들은 그들의 시간을 어떻게 보낼 것인지에 대해서만 생각한다. 그러나 비범한 사람들은 그들의 시간을 사용하려고 노력한다." 똑같은 시간이라도 그것을 사용하는 사람에 따라 길어지거나 짧아질 수 있다.

각 사람들의 시간의 가치를 활용할 줄 아는 사람은 참으로 가치 있는 사람이다. 공동체를 이끄는 사람은 타인의 시간과 역량을 어떻게 조화롭게 활용할지를 고민한다. 이 고민이야말로 공동체를 성공적으로 이끄는 핵심 전략이다.

Chapter 04

모험으로 사는 인생

    꿈을 꾸는 이들의 시간 속에는 무수한 모험이 기다리고 있다. 사실 인생의 모든 것을 모험으로 비유할 수 있다. 출생이라는 모험에서 시작하여 죽음이라는 모험이다. 젊음이 모험이면 중년과 노년 또한 모험이다. 그 나이마다 그 나이에 속하는 모험들이 있다.
    이러한 모험은 목표를 달성하면서 완성되는 것이 아니라 소멸한다. 그러기에 사람들의 마음이 다시 뛰기 위해서는 새로운 모험이 필요하다. 이러한 모험의 특징은 공동체 안에서도 마찬가지이다. 공동체를 유지하기 위해서는 알을 깨고 나오는 새로운 체험, 새로운 가능성, 새로운 모험이 있어야 한다. 그렇기에 훌륭한 리더는 자신의 경험을 통해 새로운 모험을 창조해 내며 모험에서 모험으로 사람들을 이끌어나간다.
    우리의 꿈을 이뤄나가는 과정에서 필요한 것은 바로 이러한 모험이다. 모든 모험은 그 출발 지점이 있으며 목표를 향해 부단히 나아간다. 모험을 통해 우리는 자신을 드러내며 자신의 독창적인 혁신을 일으킬 수도 있다.

    진정한 모험은 자신의 행동을 스스로 이끌어 갈 수 있는 자유가 있어야 한다는 것이다. 이와 반대되는 것이 타인에게 의존적이거나 자신의 잘못된 과거의 모험으로 인해 붙들려 있는 것이다.

    볼테르Voltaire는 사람들이 인생에서 시간을 낭비하는 4가지 방식이 있다고 했다.

> **시간을 낭비하는 4가지 방식**
>
> 첫째. 아무것도 하지 않는 것
> 둘째. 해야 할 일을 하지 않는 것
> 셋째. 일을 잘못하는 것
> 넷째. 잘못된 때에 하는 것

    삶을 통해 열리는 길은 우리가 그 길을 선택하고 시도할 때 시작된다. 우리에게 필요한 것은 바로 '시작'하는 것이고, 모험을 떠나는 것이다.

모험을 주저하게 만드는 과거의 모험

자신의 꿈을 설정하고 미래로 가기 위해 해야 하는 것은 바로 '모험'이다. 보이지 않는 내면의 생각들을 자신의 삶의 부분으로 가져가기 위해서는 반드시 모험을 해봐야 알 수 있다.

많은 이들은 새로운 모험을 시도하며 주저하게 하는 것이 바로 실패에 대한 두려움이다.

미국의 공룡기업이 된 아마존 회장 제프 베조스는 회사에서 실패를 발명의 중요한 요소라고 정의내리며 실패에 대하여 관대하게 대한다. 그는 실패에 대한 두려움보다 하지 않은 것에 대한 후회가 더 크기 때문이라며 다음과 같은 말을 남겼다.

"저는 늘 다짐했어요. 여든 살이 되었을 때 인생에서 후회할 거리를 최대한 남겨두지 말자라고 말이죠. 후회는 대부분 해보지 않은 것에서 오기 마련이죠. 실패해서가 아니라 시도해 보지 않았기에 후회하는 겁니다. 우리를 괴롭게 하는 건 대부분 이런 것들입니다. 왜 그 길을 가보지 않았을까?"

또한 전설적인 농구 선수인 마이클 조던은 자신에 대해 이렇게 말했다.

"나는 선수 시절에 9천 번 이상의 슛을 놓쳤다. 거의 3백 번의 경기에서 졌다. 경기를 승리로 이끌라는 특별임무를 부여받고도 실패한 적이 26번 있었다. 그리고 나는 인생에서 거듭 실패를 계속해 왔다. 이것이 정확히 내가 성공한 이유다."

꿈을 이루는 것은 그냥 생각만 한다고 이루어지는 것이 아니다. 자신이 가는 길에는 꿈과 관련된 좋은 일들도 있지만 이와 마찬가지로 시련과 고통의 경험도 함께 가는 것이다. 이런 모험을 통해 성장하며 자신이 꿈꾸는 사람이 되어가는 것이다.

어느 가을날 동네에 있는 성내천에 산책을 나간 적이 있었다. 이곳은 자연과 조화를 이루며 잘 관리되어 있는 장소인데 가끔 공연이 벌어지곤 한다. 그날은 어느 60대의 한 중년 여자가 색소폰 연주로 작은 공연을 하고 있었다. 색소폰 소리가 아름다워 잠시 걸음을 멈추고 음악을 감상하였다.

성내천의 물 흐르는 소리와 어우러져 하늘로 울려 퍼지는 소리가 가슴을 먹먹하게 하는 듯했다. 한곡을 마치고 그분은 쑥스럽게 웃으시며 이야기를 하셨다.

"많이 틀렸지요~ 연습을 많이 해도 자꾸 틀리더라구요. 그런데 그렇게 틀리는 게 인생이더라구요. 그리고 또 그 틀린 것을 고치는 것이 인생이구요. 그렇지 않나요?"

거리의 철학자였다. 오랜 시간을 거쳐 경험으로 느껴지는 말과 연주에 따스한 무게감이 느껴졌다. 인생을 살아가며 틀리는 부분이 분명히 있다. 하지만 그것을 고치는 것도 인생이다. 꿈도 마찬가지이다. 미국의 소설가 마크 트웨인은 "20년 후 당신은 실패한 일보다도 시도조차 하지 못한 일 때문에 더욱 후회할 것이다."라고 했다. 우리의 인생 속에서 실패조차도 앞으로 나아갈 귀한 가르침을 준다.

모험으로 사는 인생은 실패 없는 삶이 아니라 각종 실패에 대한 두려움을 충분히 인지하는 가운데 영위하는 삶이다. 모험으로 사는 인생은 두려움이 있음에도 불구하고 앞으로 나가는 삶이다.

모험을 선택하는 것은 여러 가능한 현재의 삶을 과감하게 단념하는 것을 함축한다. 이 모험을 떠나기 위한 과정에서 우리는 과거의 희생시켜야 했던 시간과 사람을 생각해 낸다. 여기서 죄책감이 발생할 수 있다.

'이전 나의 모험도 비슷했어. 그때 많은 사람들을 힘들게 했었어. 많은 시간과 돈이 들어갔지만 그것을 하지 못했어.'

동일한 모험이라도 시기에 따라 다른 결과를 가져 올 수 있다. 그 죄책감을 주는 과거와 자신을 용서하고 다시 시작할 필요가 있다. 그것은 당신의 잘못이 아니다. 그것은 실패가 아니다. 마음에 용기를 가지길 바란다. 모험은 언제나 예측 불허이기 때문이다.

'최악의 실패는 바로 행동하는 데 실패한 것이다.'

모험을 위한 환경설정

우리의 인생의 모험에서 꿈으로 가기 위한 다양한 작은 모험들이 있다. 항상 우리의 주변에는 새로운 모험들이 다가온다. 우리의 꿈과 관련된 모험을 시도해야 한다. 아무것도 시도하지 않으면 성사되는 것은 아무것도 없다.

모험의 과정에서 조심스레 뒷걸음칠 때 우리가 의식하지 못하는 사이 꿈에 대한 모험의 적절한 시기는 지나가고 평범함으로 후퇴하게 된다.

자신의 꿈이나 비전을 이룬 이들을 살펴보면 그들은 자신만의 모험을 하는 노하우를 가지고 있다. 바로 실행력이다. 이들은 실행을 위해 자신의 환경을 설계하는 능력을 가지고 있다. 자신의 꿈을 실행하기 위해서는 자신의 삶 속에서 모험을 시도할 수밖에 없는 '환경설계'를 구축하는 것이 필요하다.

실행을 하는 과정은 자신에게 무엇인가 해야 할 의지가 생기고, 실행할 때 계획을 세운다. 보통의 사람들은 여기까지는 한다. 그러나 실행을 하고 이를 지속하기 위해서는 시간 확보와 그것을 할 수밖에 없는 환경을 조성하는 것이 필요하다.

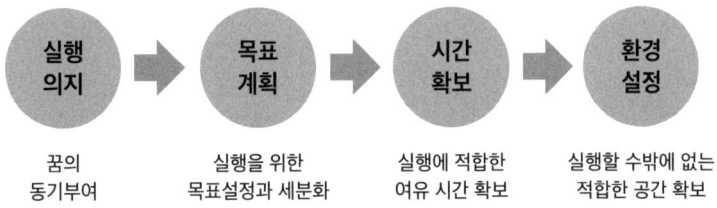

실행을 잘 하는 사람들은 단순히 실행하기보다 이러한 과정을 동시에 생각한다.

실행할 수밖에 없는 자신만의 환경을 구축하라.

특히 긴 모험처럼 지속적으로 시도해야 하는 일이라면, 그 필요성은 더욱 크다. 자신의 의지가 약하다면 이러한 시스템을 구축하는 것은 지혜로운 방법이다

주의해야 할 것이 있다. 우리는 근사한 꿈을 가지고 열의에 차서 모험을 시작한다. 그러나 차츰 쌓이는 실망과 틀에 박힌 생활의 모호함 때문에 이유는 알 수 없지만 모험이 아닌 짐이 되며 의무, 습관, 감옥으로 변질되어 간다.

그러한 일상을 지속하는 것은 우리의 모험의 정신을 계속 억누르는 경험이 있다. 우리는 일상에서 창조적인 모험으로 이끌기 위해 새로운 환경을 시도하거나, 일상에서의 새로운 의미를 찾거나, 새로

운 사람들, 새로운 책들을 나의 경험 안으로 끌어들여야 한다.

우리는 모험의 정신을 유지하기 위해 늘 애써야 한다. 공동체의 리더라면 자신의 경험으로 구성원을 모험에 참여시켜 도전하게 만드는 것이 중요하다. 공동체에서 새로운 모험은 구성원을 성장시키고, 존재를 일깨워 주며, 단합하게 만들어 주기 때문이다.

모험을 떠나는 시간

역사 속 인간의 모험은 항상 유익한 시대를 열어주었다. 사람들은 어떠한 혁명이 일어나면 '왜 이전에는 이런 것을 생각한 사람이 없었지?'라고 묻는다. 아이폰이 생기고 나면 '이전에 왜 폰에 음악이나 영상을 볼 수 있다고 생각하지 못했지?'라고 생각하는 것과 마찬가지이다.

더 과거로 올라가서는 컴퓨터를 이용하기 위해 빌게이츠를 기다려야 하고 자동차를 타기 위해 핸리 포드를 기다려야 하고, 노예제도를 폐지하기 위해 링컨을, 전기를 위해 에디슨을 기다려야 하는 것일까?

보통의 사람들은 평생 좁은 전문 분야 안에 살면서 그 분야와 삶의 다른 영역의 관계에는 거의 눈을 돌리지 못한다. 이전에 배운 것 외에는 다른 것을 상상하지 못하고, 이미 설명을 들어 알고 있는 것 외에는 이해하지 못하며, 자신이 공부한 범위 밖에 있는 것에 대해서는 자문해 보는 법이 없다.

많은 이들은 자기 일을 잘 알고 세심하고도 양심적으로 일하지만, 자기 분야에서 우수하고 전문 기술이 완벽하다는 이유 때문에 조금도 그 일을 모험이라고 느끼지 못한다. 자신의 영역에서 얼마든지 모험은 시도할 수 있다.

우리의 각각의 작은 모험은 인생의 거대한 모험 안에 자리 잡을 때에만 가치가 있다. 그래서 가치 있는 모험에 대한 우리의 질문은 다음과 같이 표현할 수 있다.

"나는 작고 개인적인 모험이
인생의 거대한 모험과 조화를 잘 이루고 있는가?"

"나는 내 작은 모험을 통해
커다란 모험의 일부를 체험하고 있는가?"

자신이 무엇인가 결정할 때 필요한 질문이기도 하다. 결국 우리의 행동과 생각은 사실 작은 모험의 일부이기 때문이다.

이제 여행을 떠날 시간이다. 생각만 하는 이들은 잡다한 물건을 찾느라고 귀중한 시간을 허비한다. 너무나 많이 넣었기에 가방이 닫히지 않는다. 이들은 기차역으로 허둥지둥 달려간다. 그러나 짐은 너무 무겁고 버거워서 기차 시간에 늦는다. 그는 많은 여행자들이 있는 군중을 뚫고 통과하려 애쓰다가 자신의 짐과 함께 주저앉는다.

그리고 눈앞에서 기차가 떠나는 것을 바라보게 될 것이다.

지금 당신에게는 어떤 모험이 준비되어 있는가?

Chapter 05

공동체를 향한 사고의 전환

나를 변화시키고 사람을 변화시키는 사고

우리가 살고 있는 시대는 기술의 정점에 올라 기계가 사람의 지능을 모방하여 인간의 역할을 대신해 주는 시대에 살고 있다. 대표적인 혁신기술이 바로 인공지능이다.

인간지능과 인공지능의 가장 큰 차이는 바로 메타인지 능력이다. 메타인지란 자신의 생각을 생각하는 상위의 인지능력이다. 인공지능은 데이터를 기반으로 확률적으로 판단하며 사고한다. 반면 인간은 자신의 생각이 어떻게 흘러가는지는 스스로 인지하며 행동할 수 있다. 핵심은 자신의 사고과정 그 자체를 생각할 수 있는 인지 능력인 것이다.

AI 시대에 인간의 역할은 변화한다. 단순업무는 인간의 역할에서 급격히 줄어드는 반면, 각 분야에서 판단력을 기반한 문제해결 영역의 비중은 늘어날 것으로 미래 전문가들은 예견하고 있다.

문제해결에서 가장 필요로 하는 사고가 바로 생각의 생각을 컨트롤하는 메타인지사고이다.

공동체 안에서도 공동체를 이끌어 가는 메타인지가 존재한다. 공동체의 구성원들의 감정이나 생각들을 인지하고 어떠한 방향에 대해 반응을 예측하며 의도해 나가는 인지적 사고이다. 공동체에서 사람들은 서로에 대해 인지하면서 자신의 행동에 영향을 미친다. 이러한 전체적인 분위기와 사람들의 특성, 환경, 미래의 예측 등을 종합적으로 볼 수 있는 인지역량이다.

메타인지는 자신의 생각을 컨트롤하며 자신이 원하는 변화의 방향으로 이끌어 가며, 공동체 메타인지는 공동체 구성원들의 생각들을 조합해 내며 변화로 이끌어 가는 것이다.

전미인공지능학회AAAI의 AI에 대한 기술 로드맵에 의하면 AI 발전 가능성의 가장 후반부에 위치해 있는 것이 메타인지이며, 그중에서도 가장 중요한 것은 사회적 요인을 파악하는 사회적 메타인지라고 한다. AI 시대에도 오랫동안 인간의 고유 영역으로 남아 있을 것으로 보고 있다.

성장형 사고와 고정형 사고

공동체의 메타인지를 인식하고 변화를 이끌어 내는 사람들이 바로 리더 그룹이다. 이 사람들의 특징은 바로 자신의 메타인지를 잘 이해하여 사람의 본질을 알고 구성원들을 변화시킨다. 이들은 자신의 생각에 대해 돌아보며 타인의 사고를 이해하고 변화시킨다. 자신에 대한 변화의 경험들은 타인을 이해하는 재료이며 사람을 변화시키기 위한 메시지를 만들어 낸다.

그렇다면 어떻게 메타인지를 인식하고 나 자신을 변화시켜 나갈 수 있을까? 우리의 삶 속에서는 많은 문제들을 마주하며 살아간다. 메타인지는 그 문제에 대해 자신의 사고를 다음의 두 가지 방식 중 하나를 선택한다. 바로 성장형 사고와 고정형 사고이다.

스탠퍼드대학교 심리학 교수 캐럴 드웩Carol Dweck은 사람의 성장에 대해 두 가지 관점을 제시한다. 모든 사람들에게는 어떤 사물이나 상황을 바라보는 식은 2가지로 크게 나누어진다고 한다.

하나는 능력은 노력에 달렸다는 믿음을 바탕으로 하는 '성장형 사고방식Growth mindest'과 능력은 타고나는 것이라는 '고정형 사고방식Fixed mindest'이다.

고정형 사고방식은 처음부터 무엇인가 타고 났거나 그렇지 않다고 생각하는 것이다. 이 사고로 운동능력, 사회적 상식, 아이큐, 외형적 몸매나 미모 등을 여러 가지를 바라본다. 반면 성장형 사고방식은 모든 상황을 긍정적으로 보고 사람은 변할 수 있다고 믿는다. 물론 다 자신이 원하는 대로 될 수 있는 것은 아니지만 일정 한도 내에서는 배우고 성장할 수 있다고 생각한다. 성장형 사고방식으로 생각하는 사람들에게 실패는 쓰린 경험인 동시에 항상 변화와 기회가 되기에 적극적인 행동이 특징이다.

이와 관련하여 캘리포니아대학의 심리학 박사 리처드 로빈스 Richard Robins 와 제니퍼 Jennifer L. Pals 는 이러한 사고방식을 두고 학생들을 연구하였다. 먼저 고정형 사고방식과 성장형 사고를 가진 학생들을 구분하여 4년 동안 그들의 일상과 행동을 추적 연구하여 분석하였다. 그 결과는 흥미로웠다.

대표적인 것으로 고정형 사고방식을 가진 이들은 어려운 문제나 수준 낮은 학문적 도전을 마주하면 포기하는 반면 성장형 사고방식을 가진 이들은 더 열심히 노력하거나 새로운 방식으로 시도하는 반응을 보였다. 다른 도전이나 과제에도 이러한 패턴을 보였다.

4년이 지난 후 결과에서는 고정형 학생은 학교생활에서 대체로 자신감이 낮았다. 그들은 학교와 가장 관련이 높은 감정으로 '괴로움, 수치심, 속상함'을 꼽았다. 반면 성장형 학생은 전반적으로 학교생활이 우수했고 이들은 졸업을 했고 그들이 선택한 감정으로는 '자신감, 확고함, 열렬함, 탁월함, 강인함'이었다. 이들이 졸업 후 어떠한 삶을 살아갈지도 예측해 볼 수 있는 부분이다.

여기서 우리가 발견할 수 있는 것은 우리의 변화는 사람에게 이미 정해진 것이 아니라 자신의 사고를 통해 변화시킬 수 있다. 자신의 메타인지는 이런 성장형 사고의 방향으로 이끌어 낼 수 있어야 한다.

우리의 특별한 경험

"세상의 변화를 원한다면 나 자신이 변해야 한다."

오스트리아 원주민 속담

우리의 메타인지는 우리를 성장하게 만들고 우리에게 마주한 문제들을 해결할 수 있는 방법과 행동으로 이끌어 낸다. 이러한 경험들의 축적은 공동체에서 문제를 해결하고 구성원들의 행동에 영향을 준다.

사람은 자신의 경험을 나누어 주며 삶의 의미를 찾을 수 있다. 사람을 변화시키는 것은 우리의 일과 삶에서 중요한 원리이다. 타인을 변화시키는 과정에서 인간은 성장을 경험한다. 사람을 변화시킨 경험은 자신을 변화시키며 성장시킬 뿐 아니라 영향력을 가지고 점점 커지기 시작한다. 그러한 이들은 자신만의 메시지를 만들어 내고 시간이 지나며 그 메시지 또한 성장한다.

우리가 살아가며 마주하는 경험을 어떻게 해결하는지도 중요하지만 그 경험을 어떠한 의미로 만들어 내는 것 또한 중요하다. 알도스 헉슬리Aldous Huxley는 "경험은 당신에게 일어나는 어떤 일이 아니다. 당신에게 일어난 일들을 가지고 무엇을 했느냐이다." 당신이 겪은 것을 가지고 무엇을 할 것인가 고민해야 한다. 당신의 경험을 묻어두지 말고 다른 사람을 도우며 자신의 가치를 재확인해 볼 것을 권한다.

많은 사람들 앞에서 우리의 경험을 연설하기보다 우리 주변에 자신을 필요로 하는 한 사람에게 자신의 경험을 주며 실천해 볼 수 있다. 그것은 가족일 수도 있고, 친구일 수도 있고, 직장의 동료, 혹은 이웃이 될 수도 있다. 비록 그것이 큰 변화가 보이지 않을지라도 삶의 의미를 찾을 수 있는 기회를 찾게 될 것이라 확신한다.

평생을 가장 열악한 환경에서 사랑을 실천한 테레사 수녀도 자신의 일을 이렇게 이야기했다.

"우리가 하는 일은 넓은 바다의 물 한 방울에 지나지 않습니다. 그러나 우리가 그 일을 하지 않으면 바닷물은 그 한 방울만큼 모자랄 것입니다. 우리는 이렇게 작은 일을 하고 있다고 해서 낙담하거나 좌절하거나 불행하게 생각할 이유가 없습니다. 세상에는 수많은 가난한 사람들이 있다는 것을 알고 있습니다. 그러나 저는 제가 도울 수 있는 단 한 사람만을 생각합니다."

우리의 작은 변화는 한 사람의 변화를 일으킬 수 있는 힘이 있다. 한 사람은 한 조직을 변화시킬 힘이 있고, 변화된 조직은 사회를 변화시킬 수 있으며, 그 변화된 사회는 글로벌 사회를 변화시킬 수 있는 힘을 가지고 있다.

그 모든 것의 시작은 한 사람의 위대한 변화로부터 시작된다. 그렇기에 한 사람의 변화는 실로 위대한 변화이다. 이러한 변화가 공동체 안에서 있고, 공동체 안에 이러한 변화를 기획하는 이들이 있다. 공동체의 메타인지를 인식하는 이들이다. 그러기 위해 우리는 우리가 어떻게 무엇으로 변화되는지를 스스로 메타인지 할 수 있어야 한다.

PART 3

부족의 탄생

공동체, 부족, 네트워크, 커뮤니티, 모임, 회사, 가족 등...
뭐라고 부르든 당신에게 이것은 필요하다.
연결은 바로 인간의 본질이기 때문이다.

— 제인 하워드Jane Howard / 《가족들Families》 —

초연결 시대의 공동체

2021년 중국 우한에서 시작된 코로나는 전세계로 퍼지면서 우리가 접한 오프라인 사회를 단절시켰다. 코로나 팬데믹은 전세계의 오프라인 사람들의 연결을 단절시켰지만, 다른 형태의 연결이 급속도로 발전하기 시작했다. 온라인으로 사람들은 다양한 연결을 시도하게 된 것이다. 무엇인가 연결되고 싶은 욕구는 온라인의 다양한 플랫폼을 성장시켰다. 또한 각 세대별로 다양한 연결 방식은 지역과 국가를 초월하는 초연결 사회를 만들어 주었다.

그 시기를 거친 지금 시대에는 SNS의 발달로 소통의 범위가 글로벌로 확장되었다. 온라인이 발달하기 전에는 오프라인의 장소와 환경에서 만나는 지리학적인 연결이 중요했지만 지금 시대를 살아가며 공동체를 구축하는 데 지리적인 것은 중요하지 않다. 또한 학연, 지연으로 연결된 공동체 또한 소극적인 방식이 되어 버렸다.

지금 시대는 이전에 존재하지 않던 공동체들이 여러 가지 형태로 나오고 있다. 이는 공동체를 이끄는 온라인 도구들이 다양하게 증가함에 따라 형성된 결과이자 트렌드의 결과인 것이다.

또한 사회에 영향력을 미치는 패러다임도 변화했다. 지금의 시대는 역사상 한 개인이 가질 수 있는 파워가 커진 시대에 살아가고 있다. 기존의 대중적인 언론보다 수백만의 팔로워를 지닌 인플루언서의 힘이 더 크게 작용한다.

세스 고딘은 이런 SNS를 통해 연결되어 영향력을 가지는 현상을 '부족화'라고 트렌드로 소개했다. 이것은 SNS에서 자신의 메시지를 전달하며 영향력을 점진적으로 늘려 나가며 자신만의 팬을 형성하는 것이다. SNS 상에서 팬을 구축하며 결과만 보여주는 것이 아니라 과정을 함께 공유하며 팬들과 함께 성장해 나간다. 작은 대한민국에서 세계적으로 영향력을 미치는 BTS는 한국뿐 아니라 전 세계적인 네트워크로 연결된 ARMY라는 팬클럽을 가지고 있다. 이들은 데뷔 때부터 SNS를 통해 성장 과정을 팬들과 지속적으로 공유하고 소통하며 팬층을 넓혀 갔다. 최근 인플루언서들은 이러한 과정을 거치는 것이 하나의 트렌드가 되었다.

이러한 트렌드 속에서 공동체에 대한 의미는 각각 다르다. 이전의 공동체의 의미는 생존이었다면 현대적인 공동체의 의미는 내적인 요소로 연결된다. 자신의 정체성에 맞는 공동체를 여러 개 선택하고, 원하는 리더를 따라가며 자신의 정체성을 확립해 나가는 특징을 지닌다. 자신이 선택하고 이끄는 공동체는 자신이 누구인지를 알아가는 중요한 요소이다. 페이스북, 유튜브, 트위터, 인스타그램의 구독은 그런 부분을 반영한다.

하지만 이런 공동체는 관계적인 부분에서 이런 의문을 제기한다.

"인간관계는 많지만 이 관계들이 이전과 같은 의미를 가지고 있는가?"

패리지 교수는 기술을 통해 고립감은 덜 수 있겠지만 옛날 방식대로의 얻기 힘든 우정을 쉬운 관계들로 대체할수록 외로움 현상은 심화될 것이라고 말한다. 오히려 우리의 삶은 형식적인 공동체에서 소외감을 느낄 수도 있고, 디지털에 비해 실제 삶에서 관계는 공허해질 수 있다.

기술의 영향력은 오늘날 사람들의 관계를 더 어려운 차원으로 만들기도 한다. 청소년들은 하루 평균 6시간 30분 이상 동영상 시청과 SNS 활동 등 스크린 기반 미디어 엔터테인먼트에 소비하고 있다. 잠을 자는 시간과 학교에서 보내는 시간 6~8시간을 제외하면 디지털 스크린 없이 주의를 빼앗기지 않고 직접 얼굴을 맞댄 상호작용을 할 시간은 거의 전무하다.

뭔가 달라져야 할 것 같다. 하지만 무엇을 변화시켜야 할지 변화를 어떻게 실현해야 할지도 알기가 쉽지 않다. 아이들에게 다른 사람들과의 상호작용과 서로를 대하는 방식을 곰곰이 생각해 보는 것이 너무나 중요하다. 이런 것들이 장기적으로 성장의 격차를 만들어 낼 수 있다.

우리는 공동체의 본질을 생각하고, 서로 관계를 맺는 법, 사람을 이끄는 방법, 그리고 공동체를 기획하는 방법, 소통하는 방법들을 배워야 한다. 요즘 시대에 이러한 것들을 더 배우기 어려워졌다.

온라인이 발전할수록 우리는 더 깊은 인간관계를 촉진할 수 있는 방향으로 이러한 기술을 사용할 수 있어야 한다. 온라인 관계는 오프라인 관계를 기준으로 맺을 때 더 돈독해질 수 있다. 삶에서 오프라인과 온라인에서 사람들의 관계를 양질로 만드는 것이 필요하다. 그러기 위해 온라인이든 오프라인이든 공동체에 속하는 의미에 대해 생각해 보아야 한다. 그것은 우리의 삶을 더 나은 삶으로 이끌어 준다.

누구나 자신이 추구하는 동일한 목적과 가치 그리고 세계관을 가진 공동체에 소속하면 편안함과 만족감을 느낀다. 어쩌면 우리는 그런 공동체를 찾을 때까지 지속적으로 움직이고 있는 것일지도 모른다.

내가 찾고 싶은 공동체는 어딘가에 분명히 있다. 그것은 어쩌면 내가 만들 수도 있다. 내게 기대를 건 사람들이 어딘가 존재한다. 우리는 공동체 기획을 알아가며 공동체의 의미를 배울 수 있다. 또한, 공동체의 형성과정을 배우는 것은 언젠가 이끌게 될 미래공동체를 위한 리더십 훈련이 될 것이다.

Chapter 01

공동체의 시작 그리고 공동체 파워

나의 꿈을 위해 서로가 필요하다

꿈을 이루기 위해 공동체에 속하게 되면 자신의 꿈과 타인의 꿈이 시너지를 내는 순간이 온다. 다시 말하자면 타인의 꿈의 성취가 내 꿈의 성취로 이루어지는 것이다.

공동체는 서로의 꿈에 대한 다양성과 독특함에 눈을 뜨게 되는 곳이다. 각각의 열정들이 서로에게 희망을 불러일으키며 시간에 따라 각자의 재능을 발견하고 열매를 맺는다. 공동체 관계 속에서 서로의 능력들은 조화를 만들어 낸다.

세계인권 운동의 상징적 존재인 넬슨 만델라는 정치적 반역죄로 27년간 로빈섬에 복역하였다. 그는 《멀고 먼 자유의 길》이라는 저서 속에 다른 정치범들과 함께한 그곳 이야기를 소개한다.

"당국이 저지른 최대의 실수는 우리를 함께 수용한 것이었다. 함께 있으면서 우리의 결의는 더욱 굳어졌기 때문이다. 우리는 서로를 붙들어 주었고 서로에게서 힘을 얻었다. 알고 있던 바와 새롭게 알게 된 것들을 모두 나누었고 그러는 동안 각자의 용기는 몇 배로 늘어났다. 그러나 우리 모두 눈앞에 닥친 어려움에 똑같이 반응하지는 못했다. 사람마다 능력이 다르고 스트레스에 반응하는 방식도 다르다. 그래서 더 강한 자들이 약한 자들을 일으켜 주었고 그 과정에서 둘 다 강해질 수 있었다."

우리에게 서로가 필요한 이유는 타인이 우리에게 그리고 우리가 타인에게 영향을 미치기 때문이다. 우리의 꿈은 타인으로부터 영향을 받은 것이고 또 누군가는 나의 꿈에 영향을 받기 때문이다. "나는 진정한 나가 되기 위해 우리를 필요로 한다."는 칼 융의 말처럼 진정한 나 자신이 되기 위해 공동체가 필요하다.

공동체 안에서 성장하는 꿈

꿈을 통해 영향력을 퍼트리는 사람들을 지켜보면 그들의 배경에는 함께하는 공동체가 있다는 것을 발견할 수 있다. 한 사람의 꿈이 공동체를 이끌어 나갈 때 그 꿈은 더 단단하고 정체성이 강해진다.

한 사람의 꿈은 공동체 안에서 강력해진다.

좋은 공동체는 좋은 꿈이 이끌어 가는 의미의 공동체이다. 추구해야 할 목적, 함께할 사람들, 살면서 지킬 원칙, 살아가며 필요한 동기부여, 사회의 변화를 이해하는 힘 등 이러한 의미로 연결된 공동체이다. 우리가 꿈꾸는 과정에서 우리는 성장을 하는데 이 과정에서 공동체의 도움은 우리를 더 효과적으로 만들어 준다.

하버드 교육대학원 교수 커트 피셔Kurt Fischer는 사람의 발달 경로에 대한 연구를 했다. 이는 인지 및 정서적 발달을 출생부터 성인기까지의 학습을 연구하며 학습 및 발달 경로에서 사람들의 공통점을 결합했다. 그 결과 인간이 발달하는데 정형화된 사다리 형태 보다 다양한 그물망 형태임을 발견했다.

그가 주장한 다이내믹 기술이론Dynamic skill theory에 따르면 인간의 성장은 두 가지 측면으로 나뉜다. 하나는 실제적 발달 수준이고, 다른 하나는 잠재적 발달 수준이다. '실제적 발달 수준'이란 다른 사람의 도움 없이 자신의 능력으로 성장할 수 있는 수준을 말하며 '잠재적 발달 수준'이란 다른 사람의 도움을 얻어서 다양한 인지활동을 통해 성장할 수 있는 단계를 말한다.

그래프를 통해 우리의 발달 수준은 타인의 지원을 통해 더 효과적으로 발달할 수 있음을 볼 수 있다. 이것은 개인적으로 능력이 뛰어난 사람이나 낮은 사람들이나 모두에게 공통적이다.

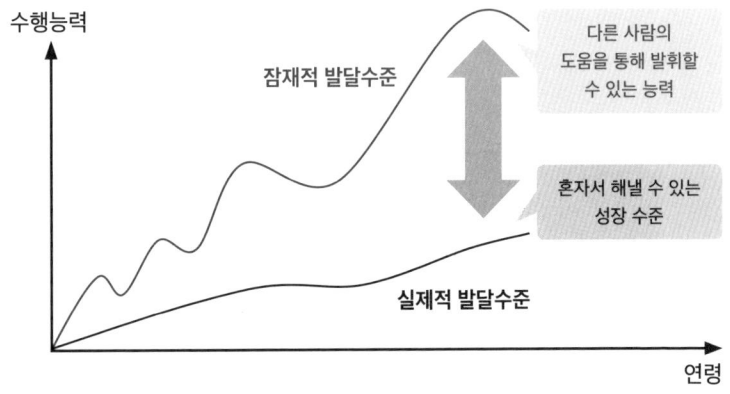

공동체에서 다른 이들과 자신을 도와주는 사람들의 도움은 언제나 자신을 성장시키는 데 효과적이다. 우리는 관계를 통해 꿈을 발견하고 성장시킬 뿐 아니라 더 효과적으로 꿈에 다가갈 수 있다.

우리가 삶을 살아가며 달성하는 것들은 많은 부분이 장거리 경주이다. 우리의 꿈을 지속적으로 이끌어 가기 위해 친밀한 공동체는 필수적이다. 우리의 삶에서 세상을 함께 바라볼 때 우리가 볼 수 없는 것을 타인의 눈으로 더 멀리 그리고 더 정확하게 볼 수 있다.

꿈꾸는 사람들이 목말라하는 것이 무엇일까? 바로 자신의 꿈에 대한 '지지자'이다. 자신의 잠재성을 발견해 줄 수 있는 사람, 자신의 생각을 이해해 주며 미래에 대해 응원해 주며 꿈을 지켜 주는 사람이다. 그것이 실현가능하든 가능하지 않든 그 꿈은 소중히 여겨 주는 이들을 통해 우리는 성장해 나갈 수 있다.

약한 연결의 그물공동체

우리는 살아가며 얼마나 많은 사람들을 만나게 될까? 한번 생각해 보자. 초등시절부터 지금까지 의미 있는 만남은 얼마나 될까?

말콤 글래드웰은 《티핑포인트》에서 한 사람은 평생 150명 정도의 사람을 알게 된다고 한다. 150이라는 숫자는 서로를 잘 알고 있고, 의미 있는 교제가 가능한 숫자이다. 달리 표현하면 커피숍에서 우연히 마주치더라도 아무 부담 없이 커피 한잔 같이할 수 있는 숫자이기도 하다. 더 나아가 150명 집단 안에는 공감 집단이라는 또 다른 집단이 있다고 설명한다. 이는 10명~15명 정도의 친밀한 관계의 사람들이다. 당신의 부고를 듣고 망연자실할 사람들이다. 우리의 인간관계에서 끈끈하고 친밀한 인맥과 느슨하면서 약한 인맥을 동시에 가지며 살아간다. 두 집단 중 우리의 인생에서 무엇이 더 큰 영향력을 미칠까?

세계적인 사회학자 마크 그라노베터는 1973년 《약한 연결의 힘The Strength of Weak Ties》이라는 책에서 흥미로운 논문을 발표하였다. 약한 연결이라는 것은 일년에 한번을 초과하거나 한주에 두 번 미만으로 만나는 사람이다. 친구라기보다는 그냥 아는 사이인 것이다.

그는 논문을 통해 사람들이 가깝게 지낸 사람(강한 연결)보다 별로 친하지 않는 사람(약한 연결)로부터 정보, 인맥, 실질적인 도움을 받는 경우가 더 많다고 주장하였다. 취업을 할 때 우리와 가까운 사람보다 몇 번 안 만난 사람들의 소개를 통해 이루어진 경우가 많다는 것이다. 즉 끈끈한 관계의 인맥보다 느슨한 관계의 사람들이 실질적인 영향을 준 것이다.

약한 연결이 결코 약하지 않다.

이러한 약한 연결의 힘은 실제로 모임이나 공동체에서 스치는 사람을 통해 이루어진 경우도 많이 있다. 개인적인 경험으로, 독서 모임을 운영하면서 연령이나 업종, 지역에 관계없이 다양한 사람들이 참석하는 것을 경험했다. 이곳에서 직장인들과 대학생들은 자연스럽게 만나는데 대학생들은 몇 번 안 본 직장인들을 통해 직업소개가 이루어지는 것을 많이 보았다.

이런 약한 연결이 형성되는 곳이 바로 공동체이다. 공동체에서 약한 연결은 얼마든지 마음먹기에 달려 있다. 우리는 좋은 공동체에 소속하여 효과적으로 사람들과 연결의 고리들을 만들어 낼 수 있다.

공동체의 방향이 자신의 미래 방향과 같다면, 그곳에서 좋은 친구들을 만날 수 있다. 그리고 그 친구들은 서로의 꿈을 지지해 주며, 함께 시너지를 만들어 낼 수 있다. 또한 좋은 멘토를 만나 미래에 대한 안내를 받을 수 있고, 자신이 사람들을 이끌어 나가며 리더십을 배울 수도 있다.

자신의 가치에 맞는 공동체와 적극적으로 함께하는 것이 삶을 더욱 의미 있게 살아가는 효과적인 방법이다. 자신이 원하는 공동체를 위해 다음의 질문을 해야 한다.

'나의 꿈과 함께할 수 있는 공동체는 어디인가?'

Chapter 02

행복한 연결, 행복한 소수

"혼자서 많은 것을 보았다.
그런데 그 어느 것도 사실이 아니었다."

― 아프리카 속담 ―

    우리는 경험을 통해 삶을 살아가는 지혜를 배운다. 자신의 경험을 통해 배우는 것은 현명한 일이지만 다른 사람의 경험을 통해 배우는 것은 더 현명한 방법이다. 시행착오로 인생의 모든 것을 배울 시간은 없기 때문이다. 우리는 서로의 삶을 교훈으로 인생의 다양한 방법들을 배울 수 있다.

    공동체에서 자신의 경험을 다른 이들의 경험과 연결하는 것은, 구성원 간의 생산성을 극대화할 뿐만 아니라, 각자의 창의성에 영감을 불어넣는 역할도 한다.

    진정한 성장은 고립 속에서 혼자 이루어지지 않는다. 성장은 공동체 안의 관계를 통해 성숙해지는 과정이다. 우리는 경험을 나누는

가운데 서로에게서 성숙함을 배울 수 있다. 우리가 타인과 나눌 수 있는 경험들은 이런 것들일 것이다.

- 가족 경험 – 자라면서 가족에게 배운 것은 무엇인가?
- 교육 경험 – 자신의 삶에 영향을 준 배움 혹은 인생의 책은?
- 직업 경험 – 즐겼던 일과 가장 효율적으로 했던 일은?
- 봉사 경험 – 과거에 어떻게 남을 도왔는가?
- 고통스러운 경험 – 어떤 문제, 상처, 역경, 시험을 통해 배웠던 것들

이런 경험들은 우리가 공통적으로 겪는 경험이지만 모두가 다르다. 이런 것들은 서로를 더 친밀하게 연결해 준다. 또한 함께 꿈꾸는 사람들을 알아볼 수 있게 만들어 주며 가치 있는 일을 함께할 이들을 만날 수 있는 기회를 주기도 한다. 무엇보다 이런 경험의 공유는 자기중심적인 고립에서 빠져 나올 수 있고, 자신의 과거의 실패와 실수에 대한 의미를 재정립하며 위로할 수 있기도 한다. 이런 과정은 공동체 안에서 내면적으로나 외적으로 성장을 지속할 수 있도록 도와준다.

연결의 씨앗은 작은 관심

우리에게 공동체가 필요한 이유는 무엇일까? 사람들은 왜 사람들

과 연결되고 싶어 할까? 그리고 왜 연결되기가 어려운 것일까?

내가 공동체 현장에서 경험한 것은 사람들의 '외로움'이었다. 사람들은 외로움에 공동체를 찾아온다. 심지어 리더마저도 외롭다. 이것은 사랑받고 싶어 하는 마음이다. 많은 이들이 사랑받지 못한 과거의 상처를 가지고 있다. 사람들은 이러한 내면 속 외로움 속에서 절실한 해방자를 간절히 찾고 있었다. 이것이 서로를 공동체로 연결하는 것이다.

반면 공동체로 연결되기 어려운 것은 '두려움'이다. 상처받을지도 모른다는 두려움, 거절당할지도 모른다는 두려움은 사람과 사람들 사이에 벽을 만들고 공동체 안에서 자신만의 성을 만든다.

담을 쌓고 사는 사람들, 그들은 아무도 자신의 참 모습에 가까이 다가오지 못하도록 담을 높이 쌓는다. 어렵게 그 담 안으로 들어가면 아주 불안한 모습을 발견하게 된다. 때론 그에게 이의를 제기하면 화를 내거나 상처를 입고, 또는 불쾌감에 못 이겨 소리를 지르거나 입을 아예 다물어 버리기도 한다. 자기만의 단단한 세계를 위협하는 사람을 참지 못하는 것이다.

거부하는 다른 이유가 있다면 어쩌면 사람들은 또 다시 상처받고 배신당하고 반감을 사게 될까봐 두려워하는 것이다. 그들은 이전의 공동체에서 친밀감에 큰 기대를 걸었을 것이다.

그러나 그 기대는 실망스럽고 끔찍한 추억을 경험한 것이다. 관계들은 악화되고 깨어져 버렸다. 엄청난 상실감으로 괴로워하며 다시는 누구에게도 삶을 열고 싶어 하지 않는다.

리더뿐 아니라 공동체의 구성원들은 이러한 외로움과 두려움에 대해 잘 이해하는 부분이 필요하다. 이러한 보이지 않는 요소들을 잘 해석해 낼 때 효과적으로 연결할 수 있고 때론 구성원들 중에서 탁월한 리더를 발굴할 수도 있다.

공동체에서 이런 외로움과 두려움에 대해 우리가 할 수 있는 것들은 어렵지 않다. 고뇌하는 이들에게 따스한 말 한마디, 한 번의 눈짓, 한 번의 악수, 한 번의 식사, 한 번의 차 한 잔이 평생에 쌓아올린 우정보다 더 강력한 힘을 발휘할 수 있다. 헨리 나우엔은 "공동체 안에서 사랑은 영원할 뿐 아니라 눈 깜짝 할 사이에 생길 수 있다."고 말한다.

이것은 어떠한 리더십의 기술보다 사람의 마음을 얻을 수 있는 효과적인 방법이다. 나 또한 공동체의 핵심 멤버들은 이러한 과정을 통해 만났다. 그들의 사소한 친절의 시간이 힘든 시기에 버틸 힘이 되어준 것이었다. 함께 배우고 특별한 시간을 한 것보다 그들에게는 힘든 시절 잠깐의 시간이 서로의 강력한 끈이 되어준 것이다.

시간이 지나도 잊지 않고 찾아오는 이들은 가장 오랫동안 지낸 사람이 아니라 힘든 순간에 사소하지만 따스한 관심을 주는 사람들이었다.

행복한 소수의 뭉그적거림

당신과 함께 리무진을 타고 싶어 하는 사람들이 많겠지만
당신이 원하는 사람은 리무진이 고장 났을 때
함께 버스를 타줄 사람이죠.

오프라 윈프리

우리는 좋은 공동체를 생각할 때, 종종 규모가 크고 화려한 공동체를 떠올린다. 많은 이들이 참여하는 곳, 그리고 멋지고 화려함이 가득한 공동체 혹은 영향력이 큰 공동체를 떠올릴 수 있다. 하지만 우리에게 진정 행복을 주는 공동체는 이런 공동체와는 사뭇 다른 모습일 수 있다.

고든 맥도날드는 《영적 성장의 길》에서 행복한 공동체에는 행복한 소수가 있고 그곳에 뭉그적거림이 있다고 말한다. 행복한 소수란 함께 서로의 삶을 나누고 함께 죽고 싶은 사람들이다. 이들은 거품처럼 관계가 부풀렸다 꺼지지 않는다.

즉 자신의 인생에서 동반자 혹은 멘토와 함께 길을 걸어가는 이들이 있는 공동체이다. 어떠한 이득을 위해 관계를 맺기보다 서로의 인간스러운 매력이나 삶의 가치, 꿈에 대해 공감을 가지며 함께하는 소수의 사람들이 존재하는 공동체이다.

이런 행복한 소수와 함께라면 혼자서 끝낼 수 없거나 또는 제대로 해낼 수 없었을 특별한 일들을 이루어 낼 수 있다. 진정한 멘토,

진정한 동료, 진정성 있는 멘티 등 이들은 내가 지속할 수 있는 이유와 힘을 제공해준다. 이들을 통해 외부의 유혹이나 위협으로부터 튼튼한 울타리가 되어 준다.

좋은 공동체에는 좋은 사람들이 있다.

때론 이들 중에서 자신만의 '인간 천사'를 만날 수 있다. 바로 꿈의 응원자이다. 내 꿈을 진심으로 귀하게 여겨주는 사람이다. 공동체 속에서 오래 지속하다 보면 편하게 이야기해도 될 것 같은 느낌이 드는 특별한 사람들을 만날 때가 있다. 그들은 경청하는 것을 즐거워하는 사람들이다. 그들은 그냥 말만 듣는 것이 아니라 인간인 우리를 듣는다.

그리고 이전보다 더 높은 수준의 꿈을 말할 수 있도록 돕는다. 공동체 안에서 누구나 인간 천사를 만날 수 있고 또 당신이 인간 천사가 될 수 있다.

인간 천사는 이미 그 길을 먼저 경험했기에, 자신의 경험을 통해 우리가 이전과는 전혀 다른 모습으로 변화할 수 있도록 도와줄 수 있다.

인생이라는 모험 속에서 같은 모험을 하는 사람들끼리 아주 특별한 유대가 형성된다. 예를 들어, 군 복무를 마친 사람들은 공통된 주제와 경험을 바탕으로 그 시절의 즐거움과 고통을 함께 회상하곤 한다. 이와 비슷하게 같은 꿈을 향한 공동체의 여정은 모두에게 특별한 추억으로 남는다.

공동체 안에서의 섬김

공동체에 속해야 할 때 우리는 공동체에서 역할이 주어진다. 그때 마음은 높은 자리보다 자기에게 주어진 자리에서 훈련하며 공동체에 적응할 수 있는 마음이 준비되어야 한다. 자신이 인정받지 못한다는 생각은 공동체로 깊게 들어갈 수 없게 만든다.

영국의 명문대학을 갓 졸업한 청년이 간디가 이끄는 공동체에 와서 살게 되었다. 공동체에서 그의 보직은 변소청소였다. 며칠 안 있어 그는 간디에게 항의했다.

"제가 누군지 안 보이세요? 저는 큰 일을 할 수 있다고요."

간디가 대답했다.

"자네가 큰 일을 할 수 있다는 건 아네. 내가 모르는 건 자네가 작은 일도 잘 할 수 있는가 하는 걸세."

공동체에서 어떠한 기회들은 때때로 이런 조그마한 일들로 위장되어 있는 경우가 많다.

공동체 안에서는 항상 많은 역할과 일들이 존재한다. 그것이 비영리적인 성격일 경우 그러한 역할과 일들은 누군가의 섬김을 필요로 한다. 그것은 사소하게 보일 수도 있지만 공동체에서 꼭 필요한 역할일 수 있다.

공동체를 함께할 때 우리가 기억해야 할 것은 바로 작은 일이 작은 일이 아니다는 생각이다.

공동체에서 누군가 귀찮아하고 사소하게 여겨지는 일들에게는 성숙한 이들의 희생이 필요하다. 작은 일에는 넓은 마음을 필요로 한다.

이러한 섬김은 공동체 안에서 훈련의 시간이며 섬김의 리더십을 배울 수 있는 기회의 시간이다. 이것을 경험한 리더와 그렇지 않은 리더의 영향력은 다르다. 존경받는 리더들의 성품 속에는 섬김과 겸손의 모습이 담겨져 있다. 공동체에서 필요한 이들은 이러한 훈련에 참여하는 이들이다.

Chapter 03

부족을 이끄는 리더십

나는 내가 어디로 가고 있는지 모르겠다.
그러니 내가 이끌어야겠다.

– 엠마뉴엘 레이만 –

세계전쟁이 한참일 때 영국은 전쟁에 참여해야 하는 위기에 봉착했다. 이때 추천받은 사람이 바로 윈스턴 처칠이다. 그는 영국을 위해 전쟁을 지휘해 줄 것을 요청받았다. 그는 누구도 감당하기 어려운 그 자리를 받으며 이렇게 말했다.

"나의 전 생애는 바로 이 순간을 위해 준비되어 왔습니다. 영국은 승리할 것입니다."

처칠의 리더십은 영국 사람들과 동맹군들에게 큰 영감과 용기를 주었고 위기의 순간을 이겨내며 승리했다.

공동체에서 리더십은 공동의 소명이다. 실제 현장에서 구성원이 스스로 리더십을 발휘해 줄 때 효과적으로 공동체가 운영된다. 이런 관점에서 리더는 각각의 리더십을 발견하고 하나로 연합해야 하는 역할을 지닌다. 리더 자신에게 힘을 집중하도록 하기보다 오히려 힘을 나눌 때 더 좋은 리더가 된다.

공동체는 사람들의 만남으로 이루어지며, 그 안에서 자연스럽게 리더가 세워진다. 리더의 리더십에서 가장 필요한 것은 바로 용기이다. 용기Courage의 어원인 프랑스어 'Coeur'는 마음 'Heart'라는 뜻을 가지고 있다. 리더의 마음속에 공동체를 하나로 품으려는 마음 자체가 용기이다. 리더의 용기는 자신을 위한 것이 아니라 함께하는 사람들을 위한 것이다.

리더의 용기는 개인적인 결단으로 시작된다. 확고한 의지에서 비롯된 행동은, 공동체를 이끌어갈 수 있는 힘이 되어 준다. 이러한 용기는 전염이 되고 확장되어 주위 사람들도 영향을 미친다.

영웅protagonist이란 단어 프로타고니스트는 '앞장서서 싸우는 사람'이라는 뜻을 가지고 있다. 그리고 또 다른 의미로 '시련에 처한 사람'이라는 뜻이 있다. 리더는 항상 먼저 나아가며 어려움도 먼저 이겨낸다.

그러는 과정에서 리더도 실패할 때가 있다. 사람들이 리더를 따라갈 때 항상 *그가* 성공해서가 아니라 절대 포기하지 않기 때문이다. 월트 디즈니는 "승리와 패배의 차이는 멈추지 않는데 있다."라고 말했다.

진정한 리더십은 꿈의 깃발을 용기 있게 들어 올리며 먼저 나아가는 사람이다. 그리고 그것을 어떠한 어려움에도 포기하지 않는 것이다.

리더가 갖추어야 할 핵심 역량

리더가 공동체를 효과적으로 이끌어가기 위해서는 핵심 역량이 필요하다. 리더는 이러한 역량을 스스로 갖추는 것은 물론, 공동체 구성원들도 함께 역량을 키워갈 수 있도록 적극적으로 지원해야 한다.

1. 영감을 불러일으키는 상상력

자동차의 개척자인 헨리 포드는 "만약에 내가 사람들에게 무엇을 원하느냐고 물어봤을 때 그들은 자동차가 아니라 더 빠른 말이라고 했을 것이다."라고 했다. 리더는 다른 관점으로 미래를 상상해 내는 상상력이 필요하다. 미래를 상상하는 리더는 사람들에게 이해받지 못하더라도, 나아가야 할 때에는 과감히 나아간다.

사람들은 대부분 새로운 혁신에 두려움을 가진다. 위험을 감수하거나 남보다 일찍 변화를 시도하는 사람은 전체에서 15%에 불과하다. 나머지 85%는 변화를 위한 동기부여가 필요하다. 리더는 이러한 변화를 시도하고 변화를 위한 동기부여를 시도한다.

리더에게는 미래에 영감을 일으키는 요소가 있다. 자신의 꿈을 지속적으로 키워가는 과정에서 얻는 깨달음은, 많은 사람들에게 깊은 영감을 불러 일으킨다.

세계적인 거장이자 지휘자 카라얀은 오케스트라 지휘를 할 때 눈을 감고 악보를 외워 연주하는 것으로 유명하다. 또한 리허설 때 연주자들끼리 음을 듣고 연주하도록 했다. 이러한 독특함은 연주자들에게 영감을 일으키며 서로가 하나로 연결되도록 했다. 이전 10세기가 오케스트라의 연주자 시대였다면, 20세기 카라얀 이후는 지휘자의 시대로 변화되었다.

리더는 사람들의 영감을 불러일으킨다.

카라얀은 전체적인 조화에 초점을 맞춰 영감으로 모든 이들을 몰입시키며 하나의 보이지 않는 목표 속으로 이끌어 가도록 했다. 그는 항상 이야기했다. "악보가 아니다. 악보 속의 정신을 이어가는 것이 중요하다." 악보에 맞춰 기계처럼 연주하는 것이 아니라 각자 자신의 소리들이 영감에 맞춰 조화를 이루는 것이었다.

리더는 영감을 불러일으켜 전체의 조화를 창조해낸다. 그 영감의 원천은 바로 '꿈'이다. 리더의 꿈은 사람들의 미래에 상상력을 불어넣고, 앞으로 나아갈 수 있는 메시지를 만들어낸다.

진정한 리더십은 그 꿈이 전체의 비전으로 연결될 때 비로소 완성된다. 그때 구성원들은 몰입하게 되고, 함께 나아갈 에너지를 얻게 된다.

2. 예측가능한 투명성(신뢰성)

지도자에게 가장 기본적인 덕목은 완벽함보다 신뢰다. 사람들이 리더를 신뢰할 수 있어야 한다. 그렇지 않으면 리더를 따르지 않을 것이다. 신뢰는 어떻게 쌓을 수 있을까? 완벽한 체하는 것이 아니라 자신의 모습에 정직해야 한다. 무엇보다 삶의 모습 속에서 리더를 신뢰할 수 있어야 한다.

사람들은 리더의 말보다 행동하는 사람을 따른다. 존 맥스웰은 "당신의 말도 말을 하지만 당신의 삶도 말을 한다. 하지만 당신의 삶은 당신의 말보다 더 크게 말한다."라고 했다.

<u>리더는 말보다 행동으로 신뢰를 얻는다.</u>

또 리더의 행동에서 구성원들이 옳다고 생각하는 것을 할 때 신뢰를 얻을 수 있다. 그러기 위해서 소통이 필수이다. 공동체 구성원들과 함께 소통하는 시간은 서로의 신뢰를 쌓을 수 있는 시간이기도 하다. 그 소통은 비전의 공유에서 시작될 수 있다. 전체 목표를 향해 함께 나아가는 과정에 구성원을 참여시키며, 서로에 대한 신뢰를 쌓아갈 수 있다.

3. 타인을 사랑하는 마음

진정한 리더는 자기 하나만 영웅이 되고 싶어 하지 않는다. 반드시 다른 사람으로 하여금 자기와 같은 영웅이 되고 싶어 하도록 만든다. 그런 리더는 남들에게 보이는 것을 신경 쓰지 않는다. 자신의 할 일에 신경 쓴다. 대신 공동체가 성장하는 것을 자신의 보상으로 삼는다. 그들을 동기부여하고 그들의 마음을 열어 주어 공동체의 구성원들이 같은 방향으로 나아가길 진심으로 원하는 사람들이다.

<u>리더의 이타적인 마음은 조직의 이기심을 잠재운다.</u>

공동체에서 깊은 유대감을 '코이노니아Koinonia'라고 한다. 이는 가족과 이성에게 느끼는 사랑처럼 공동체 안에서의 사랑을 의미한다. 여기에서 전제되는 것이 바로 '컴패션Compassion'이다. 그 뜻은 '동정'으로 번역되어 있는데 본래의 의미는 남의 고통이나 고난에 동참하고 공감하는 마음이다. 또한 이것은 헌신이기도 하다.

공동체에서 이러한 마음은 함께하는 이들을 하나 되게 하는 중요한 요인으로 작동하며 함께하는 의미를 되새기게 만들어 준다.

4. 마음 열어주는 소통의 열쇠 '격려'와 '칭찬'

많은 리더들은 자기에게 편한 조직을 만들고 싶어 한다. 하지만 진정한 공동체의 리더십은 조직원이 소통하기 좋은 조직으로 만든다. 조직원들이 서로에게 마음을 열기까지 오랜 시간이 걸리는 것은 사실이다.

<u>무엇이든지 나에 대하여 말하고 싶은 그런 사람이 있다.</u>

리더에게는 두 개의 귀가 필요하다고 한다. 하나는 말 그대로를 듣는 귀이고, 다른 하나는 말 속에 담긴 차마 표현하지 못한 숨은 의미를 듣는 귀이다. 많은 사람들이 경청을 하며 소통하는 리더를 원한다. 조직원의 보이는 부분뿐 아니라 보이지 않는 면까지 볼 수 있어야 하지만 모든 리더가 그러한 역량을 가진 것은 아니다.

그러나 소통을 잘하기 위해 리더가 할 수 있는 것이 있다. 바로 '격려'와 '칭찬'이다. 유연한 리더는 격려와 칭찬을 통해 조직원들을 울리기도 하며 만족감을 느끼도록 이끌어 준다.

UCLA 의 전설적인 농구 코치인 존 우든은 선수들에게 이렇게 권했다.

> "득점을 했을 때 자기에게 공을 넘겨준 동료에게 고맙다는 뜻으로 미소를 짓든지 눈짓을 살짝 해주든지 아니면 고개를 살짝 끄덕여 주도록 해라."

그러자 듣고 있던 한 선수가 되물었다.
"그 친구가 딴 데를 보고 있으면 어떻게 하죠?"
우든은 이렇게 말했다.
"분명 그 친구는 자넬 뚫어지게 보고 있을걸."
어느 누구든 칭찬이 좋은 줄을 알고 또 칭찬받고 싶어 한다. 현명한 리더는 칭찬이 조직원들의 활력을 넘치게 한다는 것을 알고 있다. 프랭크 카프라Frank Capra는 영화 인생에 대해 이렇게 돌아본다.

"나는 그동안 드라마를 만들면서 실수를 저질렀다. 나는 배우가 우는 것이 드라마라고 생각했다. 하지만 관객이 울어야 진짜 드라마다."

리더는 상대를 감동시키며 변화시키는 존재이다. 공동체라는 곳에는 조직원들의 변화가 필수적이다. 변화의 과정에서 칭찬과 격려는 서로가 성장할 수 있는 신뢰의 기반을 만들어 준다. 또한 공동체 안에서의 소통은 이런 아주 작은 말과 행동에서 시작된다.

5. 두려움을 극복하는 긍정성

공동체가 형성되는 본질적인 요소 중 하나는 바로 '두려움'이다. 리더란 이러한 두려움을 통제하고 다스리는 방법을 끊임없이 고민하고 실천하는 사람들이다.

사람들은 변화를 두려워한다. 그 두려움의 본질은 타인의 시선과 비판에 있다. 관계 속에서도 우리는 자신의 말과 행동이 '어떻게 보일까' 하는 두려움을 느끼며 살아간다.

리더는 공동체 안에서 사람들의 두려움을 새로운 해석으로 받아들인다. 두려움은 인간의 본능적인 요소이자 각 사람을 이해하는 중요한 요소이다. 이러한 두려움을 이해하고 사람들을 대하는 리더는 사람들을 긍정적으로 이끌어 낸다.

<u>리더는 두려움을 재해석한다.</u>

리더 또한 대중들의 비판에 두려움이 생길 수 있다. 리더가 꿈꾸는 것을 조직원들이 이해하지 못할 수 있다. 같은 비전이라도 그들의 비전과 다른 차원의 비전일 수 있기 때문이다. 눈으로 직접 보기 전까지는 자신들이 듣고 있는 것이 무엇인지 이해하지 못할 때가 있다.

두려움을 극복하는 해결책은, 그 두려움을 긍정적인 방향으로 전환시키는 데 있다. 이러한 요소는 타인을 이끌어 가는 매우 중요한 요소이다. 이러한 역량은 먼저 자신의 두려움을 이해하고 긍정적으로 이겨내는 훈련에서 시작된다.

공동체 안에서 모든 구성원의 리더십이 일깨워진다

공동체는 구성원들이 리더십을 발휘할 수 있는 환경이 열려 있어야 한다. 그것이 공동체 구성원 모두에게 유익하다. 누구나 자신의 내면에 고유한 리더십을 가지고 있다. 우리는 서로에게 그 리더십을 일깨워줄 수 있어야 한다.

그 과정에서 사람들의 주저하는 부분이 바로 실수와 실패에 대한 두려움이다. 리더는 이러한 두려움을 해석하고 사람들이 모험할 수 있도록 동기부여 해야 한다.

그리고 이 책을 읽는 우리도 스스로 돌아보아야 한다. 자신에게

나는 누구이고, 나는 무엇을 중요하게 여기고 있고, 어떤 영향력을 퍼트리고 싶은지 되돌아보자. 그리고 결심해야 한다.《Tribes 트라이브즈》의 저자 세스고딘은 이렇게 외치며 사람들에게 공동체에 속하라고 격려한다.

"이끌든지! 따라가든지!"

공동체 안에서 리더를 일깨우는 방법

사람들은 리더에 대해 '완벽함'이라는 환상을 가지고 있다. 하지만 실제로 탁월한 리더의 자질을 지닌 이들 가운데는, 자신을 낮게 바라보는 겸손한 사람이 많다. 공동체에서 이러한 리더를 일깨우는 방법은, 리더의 기준을 낮추기보다 공동체 전체의 수준을 끌어올리는 데 있다. 이것은 낮은 수준의 리더를 세우는 것이 아니라 리더에 대한 완벽함을 내려두고 각 사람의 강점을 리더십으로 활용하고 부족한 부분을 공동체가 보완하는 것이다. 이때 많은 이들이 리더로 세워질 기회가 만들어진다.

공동체 안에는 함께 따르면서도, 더 깊이 참여하고 자신의 분야에서 기여하길 원하는 사람들이 분명히 숨어 있다. 특히 모임 속에서, 사람들과 관계 속에서 재능이 보여지는 이들에게 리더에 대한 제안을 할 수 있다. 그러나 그들이 거절할 때는, 그들의 두려움을 이해하고 시간을 두며 관계를 천천히 만들어 가는 것이 필요하다. 이들의 첫 거절은 표현일 뿐 속마음은 간절히 원하고 있을 수 있다.

오랜 시간을 운영하며 사람들의 거절 속에 그런 마음이 있다는 것을 뒤늦게 깨달았다. 이들은 모임에 참여하는 것에서 만족하기보다 자신의 재능을 조직에서 기여하며 공동체에 만족을 느낀다. 이들은 자신의 강점이 조직에 기여되는 이미지가 선명해질 때 더 확신을 가진다. 아래는 차세대 리더를 발굴하여 양성하는 효과적인 방법이다.

공동체 리더를 만드는 방법

1. 리더십이 세워지면 워크숍을 통해 추구하는 가치를 충분히 나눠라.
2. 자주 식사를 나누며 비전을 공유한다.
3. 정기적으로 그 비전을 상기시키고 다시 설명한다.
4. 리더로 세울 사람들과 세울 시점을 정한다.
5. 책임지고 맡아야 할 일을 위임한다.
6. 정기적으로 피드백을 해주고 개인적으로 면담을 해주는 시간을 가져라.

리더를 찾아내어 함께 지속적으로 만나며 모임을 피드백하며 함께 성장시켜 나가는 과정은 매우 중요하다. 맡기고 방임하는 것은 이들의 동기를 저하시킨다. 과도한 간섭 또한 이들의 재능을 펼치기 어렵게 할 수 있다. 지속적으로 만나며 적절한 방향을 함께 잡아 나가야 한다. 이러한 과정을 통해 이들의 기여는 단순히 역할을 넘어 탁월한 리더십을 보이는 이들이 있을 것이다.

나의 경우 이들을 찾아내고 역할을 공유하기 위해 자주 MT를 가서 마음을 터놓는 이야기를 나누고 함께 시간을 보낸다. 그러면 자연스럽게 역할이 채워지고 서로가 가까워지며 팀워크가 이루어진다.

리더십은 리더의 자리에서 채워진다는 말이 있다. 현장에서의 리더십 경험은 한사람을 진정한 리더로 성장시킨다. 공동체의 성공은, 힘을 가진 리더들이 그 힘을 다른 이들을 세우는 데 쓸 때 리더십이 강화된다.

리더는 자신의 명예나 목표를 달성하는 것이 아니라 공동체의 성장과 발전을 위해 끊임없이 함께할 리더를 발굴하고 그들에게 자신의 네트워크도 아낌없이 제공한다. 효과적으로 공동체를 이끌어 가기 위해 구성원들이 성장해야 자신도 성장할 수 있는 것을 아는 이들이다.

Chapter 04

공동체 문화구축과 갈등관리

우리 세계는 끔찍한 공포와 증오로 가득한
공동체가 되지 않아야 하며 상호 신뢰와 존중이 이뤄지는
자랑스러운 연합이 되어야 합니다.

- 아이젠하워 -

    세스고딘은 부족원끼리의 독특한 문화는 부족의 정체성을 강화시킨다고 했다. 개인의 독특함이 자기다움을 돋보이게 하듯이 공동체도 마찬가지이다. 공동체의 문화는 초기 설정 후 시간 속에 서서히 자기 모습을 찾아 나간다. 그러나 의미 없이 문화가 구축되는 것은 아니다. 문화를 구축할 때 처음 시작의 의도가 중요하다.

    공동체를 구축하면 그 목적과 사람들에 의해 독특한 문화를 형성해 낸다. 문화는 그곳의 정체성을 강화시킨다. 여기에는 사람들의 생활 스타일, 일하는 방식, 소통방식 등이 있다. 이러한 문화적인 요소의 시작은 처음 시작하는 개척자들을 통해 가장 많이 전파되며 그

것은 점진적으로 각 구성원과 협의하며 정착되어 간다.

　문화적인 요소가 중요한 이유는 보이지 않게 사람을 변화시키기 때문이다. 문화는 의도하든 의도하지 않든 긍정적이거나 부정적인 영향을 미친다. 사람들은 공동체를 적응해나가며 주변의 환경과 행동양식들을 누가 알려 주지 않아도 자연스럽게 따라간다. 해외에 나가면 그 나라 방식에 적응하는 것과 마찬가지이다.

리더를 만들어 내는 문화

　공동체가 커질수록 문화적인 요소는 점점 더 중요해진다. 그중에서 리더들이 관심 가져야 하는 것은 사람들이 리더로 참여할 수 있는 문화를 구축하는 것이 필요하다. 수동적인 참여자보다 능동적인 참여자로 이끌어 내는 문화이다. 공동체에서 추구하는 것은 모두의 리더십이다.

　이때, 다음의 공동체화 단계에서 참여자들이 어떻게 변화해 나가는지를 살펴보면 중요한 단서를 얻을 수 있다.

공동체화 단계

단계	참여자 수준	단계별 체크 사항
3단계 고급	리더 역할	자신만의 리더십을 찾도록 지원 및 관심
2단계 중급	역할 참여	역할에 대한 격려와 칭찬, 긍정적인 피드백
1단계 초급	나눔 & 참여	솔직한 대화, 지속적인 참여 유도

공동체에서 사람들을 원하는 방향으로 이끌어 가기 위해서 문화적인 요소의 설계가 필요하다. 공동체에서 가장 고급단계는 리더를 양성하는 단계이다. 그러나 사람이 바로 리더가 되는 것이 아니다. 처음 참여를 통해 적응해 나가며 작은 역할을 완수한 후, 리더로서 다른 이들에게 영향력을 만들어 가는 것이다. 이 과정을 위해 어떤 문화를 구축할 것인지 고민해야 한다. 이러한 과정을 설정해 놓으면 참여자들은 스스로 리더십을 꿈꾸게 된다.

세상은 우리의 공동체를 위해 기여해줄 이타적인 리더를 원하지만 그런 리더는 부족하다. 하지만 이타적인 리더는 공동체에서 사람이 아닌 문화 속에서 길러질 수 있다.

공동체 문화는 한번 형성되면, 시간이 지날수록 서서히 자리를 잡으며 더욱 강력해진다. 처음의 문화를 구축하며 어떤 공동체를 원하는지와 이 문화 속에서 사람들이 어떻게 살아가야 하는지를 정리해 보는 작업이 필요하다.

공동체 기본 문화 구축하기

공동체의 기본 문화는 가치에 기반한 생활 방식이다. 그러한 가치는 세계관을 기반으로 형성된다. 세계관은 따로 파트를 구분하여 공동체의 세계관을 구축할 수 있는 가이드를 두었으니 참조하면 된다.

아래는 공동체에서 가져가야 할 보편적인 문화의 방향이다. 이를 기반으로 각 공동체의 문화들을 생각해 볼 수 있다. 이러한 주제로 공동체 구성원들과 함께 아이디어를 나누어 보는 것은 매우 효과적이다.

1. 소통방식 Communication

소통방식은 리더와 조직원, 조직원과 조직원, 조직원과 외부로 구성된다. 이들의 소통방식은 그들이 관계하는 방식을 말한다. 어떻게 서로가 존중하고 연결되는지 고민해야 한다. 인사방식과 호칭, 의식 등은 사람들과의 격식을 무너뜨리고 수평적으로 가야 할지 수직적으로 가야 할지 방향을 만들어 준다.

2. 이타적인 마음 Compassion

공동체에서 이타적인 마음은 타인을 생각하는 마음이다. 타인을 돕는 문화로 섬김, 봉사, 희생 등을 훈련할 수 있다. 공동체 안에서 발생하는 많은 문제는 자신만을 생각하는 이기심에서 비롯된다.

사람들은 남을 생각하라고 하지만 더 직접적으로 말하면 자신을 덜 생각하는 것이다. 개인을 무조건적으로 희생하라는 비합리적인 것을 말하는 것이 아니다.

 타인을 위해 자신을 희생하는 것을 존경하고 의미를 느낄 수 있는 문화를 형성해 주는 것이다. 섬김이 존경받는 문화, 보상받지 않고도 스스로 의미를 느낄 수 있는 문화를 구축해준다. 이러한 문화를 만들 때 조직의 가장 뛰어난 가치를 가진 이들을 롤모델 사례로 제시하는 것이 효과적이다.

3. 정직과 투명성 Honesty

 사람들에게 서로가 신뢰를 줄 수 있는지를 고민하는 것은 중요하다. 공동체에서 정직과 투명성을 바탕으로 서로가 신뢰하는 것은 어느 곳이나 필요하다. 특히 사적인 모임일수록 비밀 유지에 대한 신뢰가 중요하고, 큰 조직일수록 뒤에서 하는 이야기가 돌지 않도록 하는 것이 필요하다. 소문은 항상 조용히 멀리 퍼진다. 왜곡된 진실은 상처를 남기며 공동체를 병들게 한다.

4. 자유로움을 추구 Freedom

 구성원들은 자신들이 이 공동체에서 어디까지 자율적으로 행동할 수 있는지를 알고 싶어 한다. 그러한 요소가 문화적으로 구축되면 사람들은 독립적으로 행동한다. 사람들이 독립적일 때 창의적이며 적극적으로 변화되어진다. 문화 속에 사람들이 자유롭게 생각하며 가치의 방향에 따라 독립적으로 행동할 수 있는지를 생각해 본다.

5. 성장과 변화 Change & Challenge

문화 속에는 성장과 변화에 대한 의지를 담을 수 있다. 공동의 원동력은 바로 사람들의 열정이며, 그 열정은 원하는 목적을 향해 나아가게 하는 힘이 된다.

문화는 우리가 추구하는 방향으로 공동체를 이끌어 줄 뿐만 아니라, 그 가치를 행동으로 실천하게 만든다.

공동체를 보호하기 위한 갈등해결 문화

> "우리는 깨진 상태로 깨진 공동체에서 사는 깨진 사람들이다. 우리 각자는 서로서로 소외되었다. 서로 잘 어울리지 못하고, 추위를 느껴 함께 모여 보지만 몸에 돋친 가시가 서로에게 상처를 줄까 무서워 뭉치지 못하는 한 떼의 고슴도치와 비슷하다."

배즐 페닝턴의 말처럼 사람들은 서로를 이해하기 전까지 벽을 만들고 서로와 관계한다.

정치적인 벽, 교리적인 벽, 생각의 벽, 독보적인 능력의 벽 등 아무도 자신의 참 모습에 가까이 다가오지 못하도록 벽을 쌓는다. 결국 이러한 벽들은 서로가 깊은 내면의 만족을 줄 수 있는 소통까지 이끌어 주지 못한다.

공동체의 리더뿐 아니라 조직원들은 함께 이러한 부분을 이해하며 갈등을 해결해 나가야 한다. 공동체에서 갈등이 없는 것은 위험한 신호일 때가 있다. 공동체 안에서 갈등이 없다는 것은 시도와 모험이 일어나지 않는다는 것이다. 나아가려는 의지 속에서 생각의 차이로 갈등이 일어나기 때문이다. 갈등이 없는 것이 아니라 해결할 수 있어야 하는 것이다. 갈등을 해결해 나감으로 공동체는 더 단단하게 된다.

또한 우리는 서로의 약점을 이해해 주고 자신의 강점에 대해서는 겸손한 마음을 가지고 다른 이들을 대해야 한다. 조직원들은 서로의 약점을 갖고 서로를 비난하거나 비판할 수 있다. 약점은 서로가 더 필요하다는 증거이다.

강점이 강한 사람들은 '나는 누구도 필요없어'라고 생각하는 반면 약점이 있는 사람들은 '나는 당신이 필요해요'라고 말하며 서로를 필요로 한다. 한 사람의 약점은 다른 이들과 보완되며 연결될 때 힘이 된다.

우리가 행복한 뭉그적거림을 가질 수 있기 위해서 서로에 대한 차이를 이해하는 것이 필요하다. 갈등에 대해 배워나가는 것이 리더십을 키우는 하나의 훈련이다. 공동체에서는 이러한 것들을 효과적으로 훈련할 수 있다.

공동체 구성원들 간에 갈등이 있을 때《목적을 이끄는 삶》저자 릭 워렌의 갈등해결 방법이 실질적으로 도움이 될 수 있다.

릭 워렌 갈등해결방법

- 자신이 먼저 다가가라.
- 상대의 감정에 공감하라.
- 나의 잘못도 고백하라.
- 사람을 공격하지 말고 문제를 공격하라.
- 할 수 있는 한 협력하라.
- 해결이 아닌 화해를 강조하며 대화하라.

우리는 공동체를 보호하기 위해 서로를 이해하고, 서로 비판하기보다 격려해야 한다. 조직 간의 험담도 때로는 한 귀로 듣고 흘려야 할 때도 있다. 공동체는 나보다 우리가 우선될 때 서로의 관계는 더 친밀히 이어진다. 공동체에서 이러한 것들은 마치 우리의 밭에 꿈을 심고 잡초를 제거하는 일과 마찬가지이다.

우리가 꿈을 꾸고 도전해 나가는 길에는 공동체가 있고 공동체는 나의 세계보다 더 큰 세계를 볼 수 있는 생각들이 있다. 이러한 생각들이 마주할 때에는 반드시 소리가 울린다. 처음에는 시끄럽고 듣기 불편한 소리일지라도 점진적으로 그 소리는 하나의 악보를 연주하는 멜로디가 되어 그 끝에는 하나의 아름다운 추억이 될 수 있다.

Chapter 05

공동체 기획 프로세스

소그룹 공동체 꾸리기

공동체가 생겨나기 위해서는 어떠한 목적이 존재한다. 그러한 목적에 이끌리어 사람들이 모이고 그 목적에 맞게 운영된다. 한 사람의 꿈에 대한 메시지는 사람들을 모이게 하는 목적을 만들어 내며 공동체를 만들어 낸다.

공동체는 온라인 혹은 오프라인으로 형태는 다양하다. 여기서는 공동체를 가치로 시작하는 과정부터 초기 운영하는 과정을 다루었다. 특히 소모임을 구축하는 것에 초점을 맞추었다.

독서모임을 구축하는 모델을 기반으로 만들어졌지만 이러한 기획방식은 대부분의 조직이나 팀에도 적용 가능하다. 이미 공동체를 가진 사람이라면 이것을 활용하여 가치들을 재정립하는 용도로도 활용 가능하리라 본다. 또한 스타트업, 종교 모임, 개인 모임, 사회적 모임 등에서도 방향성을 잡는 데 유용하게 쓰일 수 있을 것이다.

아직 공동체를 가지지 못하고 꿈꾸지 못한 청년들과 학생들은 자신의 친구들과 모임을 시도해 보라. 취미 모임도 괜찮다. 뭐든 도움이 될 것이다. 공동체를 기획하는 과정을 머릿속에 그리며 자신만의 공동체를 꿈꾸는 훈련을 해보는 것은 리더십을 기르고 꿈에 대해 더 명확하게 만들어 주는 효과도 있다.

무엇보다 가정이나 지인들과 함께 독서 모임을 만들 때 함께해본다면 의미 있는 공동체를 만들 수 있을 것이다. 평생학습 시대에 사람마다 필수적으로 갖춰야 하는 것 중 하나는 학습 공동체라 생각하기 때문이다. 한 단계씩 기획을 따라 고민해 나가다 보면 구체적인 공동체가 그려질 것이다.

공동체 기획 프로세스

공동체 기획 ❶ 단계
"우리의 공동체는 왜 존재해야 하는가?"

- **존재 이유**

공동체의 시작은 어떠한 계기들로 인해 시작된다. 개인적인 이유도 있을 것이고, 사회적인 문제들, 깨달음들, 발견들, 미래에 대한 기회들 등 여러 가지가 있다. 이것에 대해 정의해 볼 필요가 있다. 이것을 글로 정리해 본다.

- **카테고리**

자신의 공동체를 직군 또는 카테고리로 만들어 본다. 카테고리는 사람들이 온라인이나 오프라인에서 당신을 찾아내는 키워드가 된다.

- **구성원**

"어떤 이들이 우리의 공동체에 오기를 원하는가? 왜 그들은 우리의 공동체에 속하기 원하는가?"
당신의 공동체에 참여하는 대상의 나이, 성별, 성향들을 구체적으로 정리해 본다. 그 사람들이 명확할수록 더 명확한 공동체의 존재 이유들로 나아갈 수 있다.

• **핵심 메시지**

"우리가 공동체를 통해 무엇을 변화시키고 싶은 것인가? 세상에 어떤 메시지를 주기를 원하는가?"

이것은 개인적인 것일 수도 있고, 사회적인 것, 미래적인 것 등 여러 가지가 될 수 있다. 핵심 메시지에는 우리가 가진 생각의 핵심을 요약한 것이다. 핵심 메시지는 처음에 길고 명확하지 않을 가능성이 있지만 지속적으로 다듬어 나가는 방향으로 시작한다.

공동체 기획 ❷ 단계
"우리는 어디로 어떻게 가려고 하는가?"

• **VISION 비전**

"우리는 미래의 어떤 이미지를 그리고 있는가?"

비전은 조직의 미래 이미지이다. 꿈꾸는 것들과 이루어질 것들을 상상하며 그려본다. 공동체에서 비전은 영향력 있는 한 사람에 의해 설정되기도 하지만 때론 조직원들의 개인적인 경험을 바탕으로 비전을 세우기도 한다. 각 개인의 과거 경험들을 공유하며 함께할 비전의 단초를 찾을 수 있다.

• **MISSION 미션**

"목적을 위해 우리는 무엇을 핵심적으로 해야 하는가?"

비전이 미래 이미지라면 미션은 핵심적으로 달성해야 하는 과정이다. 목표는 비전을 위해 해야 하는 핵심 미션을 발견하는 것이다. 비전을 이루기 위해 핵심적으로 거쳐야 하는 일들을 도출해 보는 것이다. 처음 설정이 어려울 수도 있다. 초기 3~5개를 설정한 후 정기적으로 수정하거나 업그레이드 해나가는 방향으로 시작한다.

공동체 기획 ❸ 단계
"우리는 무엇을 할 것인가?"

- **핵심 목표**

"3~5년 사이에 이루어야 하는 공동의 목표는 무엇인가?"
공동체에서 해야 하는 것들이나 달성하고 싶은 것들이 있을 것이다. 공동체를 처음 시작할수록 해야 하는 것들이 많이 있다. 장기적인 계획으로는 3~5년에 달성하고자 하는 핵심 목표를 기록한다.

- **시작 목표**

"올해 우리가 해낼 수 있는 일들은 무엇인가?"
시작 목표는 1달에서 1년 내로 해야 하는 것들이다. 시작 목표가 중요한 이유는 목표 달성을 통한 성취감으로 함께할 수 있다는 것을 느낄 수 있기 때문이다. 구성원 전체가 함께 볼 수 있고 구체적이면서도 달성 가능한 목표로 설정한다. 목표가 너무 높다면 오히려 역

효과일 수 있다. 즐겁게 사람들이 참여하여 성취감을 느낄 수 있는 것들로 설정해 본다.

공동체 기획 ❹ 단계
"우리가 추구하는 가치는 무엇인가?"

공동체에서 가장 좋은 문화는 공동체의 가치를 누가 가르치지 않아도 그러한 가치로 움직이는 것이다. 즉 사람들의 행동과 태도 속에서 문화가 묻어나 있는 것이다. 그런 조직이 되기란 쉽지 않다. 사람마다 다르고, 사람마다 다른 세계관과 가치관을 가지고 있기 때문이다.

건강한 공동체로 성장하고 사람들이 변화될 수 있느냐의 핵심에는 그곳의 문화가 작용한다.

가치라는 것은 공동체 안에서 사람들이 함께 추구해 나가는 공통의 생각이다. 반면 문화는 그 가치에 따라 사람들이 실천하는 기본적인 생활 방식이다. 즉 이곳에서는 이러한 가치로 생각해야 하고 이러한 생활방식으로 생활해야 한다는 것을 자연스럽게 만들어 주는 것이다. 이러한 핵심 가치와 핵심 문화는 보이지 않지만 시간이 흐를수록 공동체를 유지하는 중요한 요소로 작용한다. 그 공동체 안에서 사람들도 이러한 가치와 문화를 통해 무언의 신뢰를 하며 공동체성을 느끼게 된다.

• **핵심 가치**

"우리 공동체에서 함께 추구해 나갈 가치는 무엇인가?"
공동체의 구성원들이 함께 핵심단어로 표현해 보고 이것이 무엇인지를 정의 내려 본다.

> **예** 교육 분야에서
> · 정의 – 정직하고 공정한 리더를 양성한다.
> · 사랑 – 타인을 귀하게 여기는 이타적인 리더를 양성한다.

• **핵심 문화**

"우리 구성원들은 어떻게 행동했으면 하는가?"
가치를 기반으로 한 공동체 안에서 생활 방식 및 스타일이다. 인사하는 방식, 소통하는 방식, 새로운 사람이 들어오면 해야 하는 의식 등 다양하다.

> **예** 모임에서
> · 인사하기 – 눈이 마주칠 때마다 인사한다.
> · 구호삼창 – 발표 전 그 사람의 이름을 세 번 외쳐준다.
> · 선배문화 – 나이가 많든 적든 서로에게 '선배님'이라 호칭한다.

이것은 음식점의 메뉴판처럼 한 장에 보여지고, 자주 볼 수 있도록 만들어 주는 것이 필요하다.
처음에 방향을 잡기 힘들다면 인터넷을 통해 다른 조직 혹은 기업들의 문화들 중 좋은 것들을 가져와서 자신의 것으로 변형하고 활용하면서 개선해 나가는 것도 방법이다. 공동체를 이끌기 전에 세우는 것도 필요하지만 이끌어 나가는 과정에서 생기는 문제들이나 필요한 것들을 하나하나 추가해 나가면서 변형해 나가는 것이 필요하다. 구성원들과 함께 고민하고 만들면 더 효과적이다.

공동체 기획 ❺ 단계
"우리는 언제 어떻게 무엇을 할 것인가?"

> "사람은 서로 멀리 떨어져 있거나 어쩌다 한번
> 잠시 만나는 것으로 관계를 지속 시킬 수 없다.
> 함께 시간을 보내야 한다. 모임을 갖기 위한
> 몇 마디 대화가 아니라 미리 약속된 만남을 가져야 한다."
> – 존맥스웰 –

공동체가 유지되기 위해서는 서로 약속된 만남이 전제되어야 한다. 사소한 원칙이지만 매우 중요한 원칙이다. 공동체를 구축하며 서로가 의미 있는 만남의 시간을 주 단위든, 월 단위든 정하고 그 시간에 일정한 패턴으로 운영되는 것이 필요하다.

지난 10년간 기획을 맡았던 독서 모임은 매주 토요일 새벽 6시 40분에 진행이 된다. 직장인들이나 일반인들이 고정적으로 만날 수 있는 시간이 그 시간 밖에 없었기에 과감하게 시작한 것이다. 그곳에 참여하는 사람도 쉽지는 않았지만 그것을 준비하는 것은 더 어려웠다. 일주일 동안 직장에서 업무를 하고 토요일 새벽 5시에 일어나 모임을 준비해야 했기 때문이다.

하지만 시간이 흐르며 사람들의 인식 속에 토요일 새벽 독서 모임으로 자리 잡혀갔다. 그 시간 그곳에 가면 간식으로 사과와 바나나가 나오고 책을 통해 토론할 수 있다는 믿음을 심어준 것이다. 오랜 시간이 지나 그곳의 새벽문화 정체성이 더 명확해졌다.

• 모임 운영안

"구성원들과 함께 이 모임을 위해 약속된 만남을 정하라."

모임의 운영은 온라인 혹은 오프라인으로 만나게 될 경우 필요하다. 모임이 자주 있을수록 공동체는 더 단단해지고 성장하게 된다. 하지만 함께 모이는 것에는 많은 준비와 노력이 필요하다. 모임을 운영하는 것은 초반에 어떻게 세팅을 하여 매뉴얼화 하느냐에 따라 운영이 효과적일지 아닐지가 결정된다.

운영 과정은 되도록 패턴화하고, 역할을 구성원들과 나눈 뒤 이를 매뉴얼로 정리해 가는 것이 필요하다. 초기에는 이러한 정착 과정이 다소 어려울 수 있지만, 일단 자리를 잡으면 일상처럼 자연스럽고 편안하게 각자가 자신의 역할을 감당하게 된다.

• 정기적 모임 시간

"우리는 언제 만날 것인가?"

구성원들이 정기적으로 함께 모일 시간을 정하는 것이다. 모임의 성격에 따라 시간은 변하게 되지만 되도록 월이나 주에 특정한 날을 정해 패턴화하면 사람들의 기억 속에 남을 수 있다. 매달 둘째 주 토요일, 매달 마지막 주 일요일, 매주 토요일 10시, 매주 월요일 8시, 이런 식으로 시간을 정착해 나가는 것을 목적으로 한다. 사람들은 고정된 시간에 무엇을 한다는 것이 지속적으로 인식될 경우 그 시간을 우선순위로 두게 되는 경향이 있다.

· SNS 플랫폼 구축하기

"어디에서 가치를 쌓고, 사람을 모으고, 소통을 할 것인가?"
SNS 플랫폼을 만드는 것은 세 가지 목적이 있다. 첫 번째는 사람을 모으는 것이고 두 번째는 가치를 쌓아나가기 위한 것이고 세 번째는 서로 소통하기 위한 것이다. 모임의 성격과 사람들의 특징들과 사용성을 고려하여 각 자신에게 맞는 플랫폼들을 설정하고 만든다. 그리고 지속적으로 각 플랫폼에서 목적에 맞게 무엇을 할 것인지를 정하고 실행해 나가면 된다.

사람을 모으기 위한 플랫폼 ⟶	누구를 오게 할 것인가?
가치를 쌓기 위한 플랫폼 ⟶	무엇을 쌓아 나갈 것인가?
소통하기 위한 플랫폼 ⟶	어떻게 소통할 것인가?

- **월간 계획**

"우리의 이번 달 계획은 무엇인가?"

정기적인 모임을 갖는다면 무엇을 할 것인지 최소 3개월의 일정을 잡아 두는 것이 좋다. 특히 어떤 프로젝트이거나 모임일 때 효과적이다. 그때그때 다음 과제를 설정하는 것도 좋지만 장기적으로는 이러한 계획이 운영에 효과적이다. 최소 3개월이면 모임의 방향도 구체적이며 매 시간마다 방향을 잃지 않고 목적에 맞게 진행할 수 있다.

- **비용예산 및 계획**

모임을 하다 보면 장소비, 간식비, 기타 물품 등 기본적인 비용이 발생하게 된다. 이것을 예산으로 잡아 회당, 주당 혹은 월 단위로 회비를 도출해 낼 수 있다. 특수한 목적의 교육이나 행사, 이벤트라면 그때마다 따로 측정한다.

- **운영진 구축하기**

"누가 무엇을 할 것인가?"

모임을 운영하다 보면, 운영에 꼭 필요한 핵심 역할들이 있다는 것을 알게 된다. 역할을 크게 나누어 보면 다음의 구성원이 필요하다. 초기 한 사람이 다중역할을 맡아서 진행할 수도 있다. 운영진을 설정할 때 리더십의 역할과 해야 하는 일을 명확하게 설정해 두어야 그 역할을 맡은 사람도 그 일들을 충실히 해나갈 수 있다.

리더Leader – 전체적인 책임과 의사결정 및 팀원들을 격려하고 세우는 사람

홍보담당Motivator – 사람들을 모으고, 참여를 이끌어 내는 사람

진행담당Speaker – 전체 순서를 진행하고, 사회, 이벤트 등을 하는 사람

기획담당Maker – 전체 Plan 및 행사, 이벤트를 기획, 조직을 기획하는 사람

운영지원담당Helpe – 재정 및 물품, 진행 등 전체적인 운영에 지원하는 사람

공동체 기획 피드백하기

공동체는 한 번에 만들어지지 않는다. 기획 후 정기적으로 다듬어 나가는 과정이 필요하다. 그때 아래의 가이드가 공동체를 이끌어가는 이들에게 많은 도움을 줄 것이다.

1. 멀리 바라보라

지금 당장 해결되지 않아도, 공동체의 성장에 큰 영향을 주지 않는 요소들이 있다. 장소, 진행 방식, 역할, 비용처럼 사소한 부분들이다. 하지만 이런 요소들이 구성원에게 부담이 되거나 갈등으로 이어질 수도 있다. 리더는 멀리 장기적 비전을 제시하며 사소한 것들에서 구성원들이 큰 그림을 그릴 수 있도록 동기부여 하며 이끌어 나가는 리더십이 필요하다.

2. 피드백하여 지속적으로 개선하라

초기 몇 번의 모임이 마치면 리더십과 그 모임을 생생하게 피드백하고 다음의 모임에 적용하는 것은 매우 효과적이다. 때론 피드백은 부정적인 비판이 나올 수 있다. 대부분은 해결 가능한 것들이다. 피드백시 어떠한 사람을 비난하는 방향으로 흐르는 것을 조심해야 한다.

3. 매뉴얼을 만들라

공동체의 정체성이 명확해질수록 그것을 명문화하여 매뉴얼화하는 부분이 필요하다. 그것은 지식일 수 있고, 순서일 수 있고, 어떠한 지침일 수 있다. 이러한 것들은 시간이 지날수록 공동체의 보이지 않는 자산이 된다.

4. 소통의 방식과 규모에 대해 고민하라

오프라인으로 운영되면 규모에 따라 운영방식이 틀려지는 것을 경험할 것이다. 예를 들면 10명의 공동체를 운영하는 것과 100명의 공동체를 운영하는 것은 차원이 다른 문제이다. 특히 소통방식과 운영이 달라져야 한다.

소통 가능한 인원 단위는 중요한데, 10명 정도가 적절하다. 10명을 넘기면 사람들이 자발적으로 참여하기보다는 소수의 의견에 이끌리는 경향이 생긴다. 물론 이것이 반드시 나쁜 것은 아니지만, 모임의 성격에 따라 규모에 맞는 소통 방식과 운영 방식을 고민해야 한다.

The beginning of a dream

PART 4

좋은 부족을 넘어 위대한 부족으로

Chapter 01

생각이 우리를 만든다

"우리는 건물을 만들지만 결국에
그 건물이 우리를 만든다."

- 윈스턴 처칠 -

공동체와 세계관

윈스턴 처칠의 말을 공동체에 적용해 볼 수 있다. '공동체는 사람이 만들지만 시간이 지나면서 공동체가 사람을 만들어 낸다.'

이번 파트는 공동체 가치와 연결된 세계관이다. 공동체는 시간이 흐름에 따라 그들만의 독특한 생각과 문화를 조직원들과 공유하며 가치들을 만들어 낸다. 가치관을 더 큰 영역으로 보면 세계관이 기저에 깔려 있다. 세계관이란 세상을 바라보는 관점으로 우리가 살아가는 사회와 조직에는 그곳만의 세계관이 보이지 않게 존재한다. 세계관은 교육, 정치, 종교, 법, 예술, 가정 등 우리의 삶 전 반에 영향을 미치고 다양한 형태로 드러난다.

세계관이 영향을 미치는 영역

　공동체를 꾸려 나갈 때 그 공동체 안에 사람들이 어떠한 가치관을 추구해야 하는지의 고민은 매우 중요한 부분이다. 세계관은 공동의 가치를 결정하며 우리가 함께 주변 세계를 판단하며 선택할 수 있는 기준을 제시한다. 세계관은 중요한 것과 중요하지 않은 것, 즉 가치 있는 것과 그렇지 못한 것을 분별해 낸다. 이러한 부분이 없다면 공동체 안에서는 보이지 않는 갈등과 오해들이 공동체에서 분열을 만들게 된다. 공동체를 이끌어 가는 사람들이 함께 고민해야 하는 것이 바로 이러한 문화와 가치를 구성하는 세계관이다.
　또한 조직에서 리더들은 자신이 경험하지 못한 상황과 미래의 의사결정에서 자신의 철학을 기준으로 결정하며 나아간다. 이러한 철학은 그 리더와 조직이 가지는 세계관에서 시작된다.

공동체는 그들만의 존재하는 가치를 지니고 있다.

세계관은 그 조직의 문화적 독특한 개성을 드러내고, 그들만의 미래로 가는 길을 개척해 나갈 수 있게 만들어 준다. 또한 그 조직에 맞는 사람들을 모을 수 있고 그들의 가치에 맞는 리더를 만들어 낼 수 있다.

거시적으로 보면 각 나라의 법들이 존재하고, 이러한 법들이 사람들의 삶에 영향을 미치는 것과 비슷하다. 나라마다 독특한 스타일을 갖게 되는 이유를 거슬러 올라가 보면, 그 나라 고유의 특색이 세계관에서 비롯된다는 것을 알 수 있다. 세계관은 눈에 보이지 않지만, 그 공동체를 가치 있게 만들지, 아니면 위대하게 만들지 결정하는 중요한 요소이다.

행동양식을 만드는 세계관

1999년 전북 완주군 화산면에 폐교된 초등학교가 리모델링되어 한 학교가 세워졌다. 이 학교는 바로 세인고등학교라는 대안학교이다. 설립하신 분은 카이스트의 유명한 공학학자이신 원동연 박사님이시다. 당시 5차원 전면교육으로 설립된 학교였다.

대한민국에서 대안교육이 시작될 무렵 나는 1기생으로 그곳에 입학했다. 학생은 여자 20명, 남자 20명이 전체 학생이었다. 그곳은 사방이 산으로 있어 시내로 나가려면 차로 40분 걸어서는 4시간 이상이 걸리는 곳이었다. 나뿐 아니라 몇몇 학생들이 처음 적응하는데 시간이 걸렸었다. 우리가 적응하는 데 시간이 걸렸던 한 가지가 있었는데, 그것은 바로 우리의 생활 방식이었다.

우리는 1기였기에 규율과 규칙, 그런 것이 없었다. 초창기 문제가 생기거나 합의해야 하는 주제가 생기면 선생님들과 학생들은 매주 함께 모여 이야기를 하며 회의를 했다. 그때 원동연 박사님이 이렇게 말씀하셨다.

"처음 시작하는 것이 중요해요. 1기생들의 생활과 문화가 전통이 되고 그대로 이어지게 될 거예요."

우리는 매주 모여 임원진들이 진행하고 선생님들이 지켜보는 가운데 우리의 규칙들을 정해 나갔다. 거기에는 일반 고등학생들이 생각할 수 없는 것들도 있었다.

'머리 길이는 어디까지가 좋은가?', '염색의 색은 어디까지 괜찮은가?', '몸의 액세서리는?', '남자는 귀걸이가 가능한가?', '축제는 월에 몇 번하는 것이 좋은가?' 등 우리의 일상의 세세한 규율과 규칙들을 스스로 만들어 나갔다.

당시 중학교와 고등학교는 보수적인 문화들이 있었다. 머리 스타일과 교복 그리고 자율학습 등 의무처럼 여겨지는 것들이 있었지만 우리는 그것을 따라가지 않았다. 우리는 우리들의 가치를 담은 생활

문화를 스스로 만들어 가고 있었다.

당시 기숙사에 아이들을 오랜만에 보러 오신 부모님들이 아이들의 머리색이 노란색과 빨간색으로 변해 놀라기도 했다. 그러나 그것도 시간이 지나며 자연스러워지고 생활화되기 시작했다. 우리들은 우리가 하는 것에 대해 당연하게 여기기 시작했다.

이러한 시도에 시행착오도 많았다. 매주 축제를 하자고 했지만 준비 팀들이 준비하는 것에 지쳐 월에 한번으로 변경하기도 했다. 어떤 주제에 관심이 생기면 학생들은 수시로 동아리를 만들었고, 흥미가 사라지면 자연스럽게 없어지기도 했다.

이러한 문화들은 시간이 지나면서 더 다듬어졌다. 2기가 들어오며 후배들은 1기의 문화에 충격을 받았지만 그들도 자연스럽게 받아들였다.

오랜 시간이 지나고 이러한 경험들이 참 소중하고 지금의 나를 형성하게 된 시간이라고 본다. 이러한 것들은 세계관이 공동체 문화 속으로 정립되어 가는 과정이다.

한 조직의 문화와 가치관은 처음 시작이 중요하다.

문화라는 것은 사회 주류의 행동과 생활 방식을 말한다. 작게는 조직이나 단체의 행동양식이다. 우리가 어떠한 상황이나 공동체 안에서 의식적이든 무의식적이든 행동을 할 때 그 이면에는 가치 체계가 존재한다. 가치 체계가 다르면 서로 다른 행동양식이 나타나게 된다.

　이러한 가치 체계의 밑바탕에는 세계관이 존재한다. 그래서 공동체에서 리더가 변화를 만들어 내기 위해 외형적으로 보이는 행동만 바꾸려는 시도는 일시적이며 낮은 수준의 변화밖에 이끌어 내지 못하는 것이다.

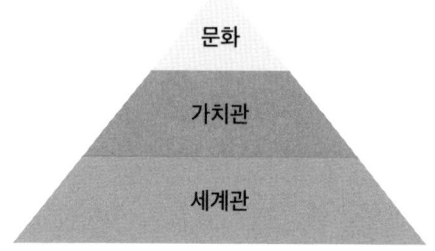

　결국 공동체에서 어떠한 가치로 변화를 추구해 나가는 과정에서 공동체 나름대로의 견해와 관점인 세계관의 문제를 다루지 않을 수 없다.

　하지만 세계관은 복잡하고 광범위하기에 접근하기 쉽지 않다. 배울 수 있는 곳도 많지 않기에 어디서 시작해야 할지 방향을 잡기 어렵다.

　이번 파트에서 시도해 보고자 하는 것은 공동체에 필요한 세계관을 쉽게 이해하고 세계관을 기초로 문화를 구축할 수 있도록 하는 것을 목적으로 했다. 세계관 이야기와 현장의 사례 중심으로 이해될 수 있도록 기본적인 개념으로 접근했다. 세계관을 이론적으로 아는 것도 중요하지만 실용적으로 쓸 수 있는 것도 중요하기에 복잡한 이론들은 되도록 넣지 않았다.

독자들이 '아 이런 것이 세계관이구나' 하며 분별해 내고, 또 자신 주변의 존재하는 보편적인 세계관을 볼 수 있는 눈을 가지고 자신의 공동체의 문화와 가치관을 형성할 수 있는 것을 목표로 했다. 세계관을 이해하고 공동체에서 기본적인 세계관을 시작하는데 도움이 되었으면 한다.

세계관을 이해할 때 세계관, 가치관, 문화의 위계관계를 가지고 이해하기보다 서로의 상관관계를 살펴보면 도움이 된다. 서로의 위계와 경계가 모호하고 학자들 간에도 의견이 다르기 때문이다. 실제로 삶에서 보면 문화를 통해 세계관이 형성되기도 하고 가치관을 통해 세계관이나 문화가 만들어지기도 한다. 이런 관점에서 세계관을 바라보면 더 쉽게 접근이 가능하다.

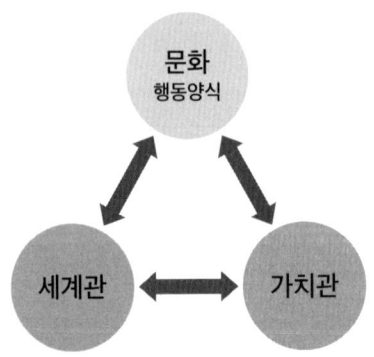

공동체에서 세계관에 대하여 고민하는 것이 마치 나무에 부는 바람처럼 가볍게 여겨질 수 있다. 하지만 세계관을 가진 공동체는 단지 좋은 공동체가 아니라 위대한 공동체로 나가갈 수 있는 기반을 만들어 주며 다음세대까지 이어질 수 있다.

공동체 안에서 세계관을 바탕으로 올바른 가치관이 자리 잡을 때, 구성원들은 각자 해야 할 행동을 스스로 찾아가며 자연스럽게 서로 협력하게 된다.

Chapter 02

세계관의 정의와 영향력

세계관의 정의

세계관이란 용어는 철학자 임마누엘 칸트가 독일 용어인 세계관 Weltnschauung; Welt-세계, anschauung-관이라는 말을 처음으로 만들었다. 19세기 중엽까지 이 용어는 독일의 단어로 채용되었다. 이후 세계관이라는 단어는 사람들마다 철학자들마다 정의가 다양하게 나오기 시작했다. 이것은 세계관을 어느 기준에 두는가에 따라 다르게 정의되기 때문이다.

세계관은 종교에서는 믿음에 대한 체계를 설명하고, 과학자에게는 패러다임paradigm, 사회주의는 이데올로기ideology, 정신세계에서는 본질, 철학적인 진리, 형이상학 등 다양한 정의를 가지고 있다. 세계적으로 저명한 학자들 간에도 설명하는 방식이 다르다.

미래학자 엘빈 토플러Alvin Toffler는 세계관을 이렇게 설명했다.

"모든 사람은 그들의 두뇌 속에 세계의 정신적 모델, 즉 외적인 세계의 주관적인 표상을 지니고 다닌다."

《갈등 속의 세계관》을 저술한 로널드 내쉬Ronald H. Nash는 이렇게 말한다.

"세계관이란 우리가 의식적으로나 무의식적으로 우리가 믿는 것들에게 조정하여 맞추는 개념적 틀로서, 이것에 의해 우리는 현실을 해석하고 판단한다."

이외에도 세계관의 정의에 대한 관점은 다양하다. 세계관에는 다양한 관점이 있지만 이 속에서 공통된 세 가지 질문이 있다. 그것은 보이는 것과 보이지 않는 세계에 대한 것들과 우리 존재에 대한 질문이다. 인식론과 형이상학 그리고 도덕적인 질문이다.

1. 인식론Epistemology적 질문
'진리는 있는가?'
'내가 무엇을 알 수 있는가?'
'어떻게 알 수 있는가?' 등

2. 형이상학Metaphysics적 질문(실체와 존재의 근본적 본질)
'궁극적인 실체는 무엇인가?'

'신은 존재하는가?'
'시간의 본질은 무엇인가?' 등

3. 도덕Moral Questions적 질문
'옳고 그름은 있는가?'
'무엇이 선인가?'
'미는 무엇인가?'
'악은 어디서 오는가?' 등

이러한 것들은 우리 세계를 이해하고 우리의 존재가 어떻게 행동해야 하는지에 대한 방향을 제시해 준다. 공동체에서는 이를 통해 법과 규율을 만들어 내는 것이다.

이러한 관점에서 《생각은 결과를 만든다》의 저자 대로우 밀러의 세계관의 정의는 우리가 세계관을 이해하는데 도움이 될 것이다.

> "세계관이란 세상이 어떻게 작동되며 그 기본적인 구성이 어떠한가에 대해 우리가 의식적으로든, 무의식적으로든 신념으로 갖는 일련의 전제들이다. 일련의 전제들이란 진실이라고 믿는 추정 또는 원칙들이다."
>
> 대로우 밀러

'의식적으로든, 무의식적으로든 갖는다'는 것은 세계관은 우리의 마음속에 깊이 자리잡고 있으며, 모든 인간은 문화가 적어도 하나씩은 갖고 있다는 것을 말한다. 무의식적으로 보유하고 있다면 문화화, 사회화를 통해 갖게 된 것이며, 의식적으로 보유하고 있다면 가정과 그 결론을 비판적으로 검증한 결과로 갖게 된 것이다.

'신념으로' 세계관이 검증된 단계라면 그 세계관은 합리적인 믿음의 진술이 될 것이고, 그렇지 않다면 비이성적인 것이 될 것이다. 현대 과학에서조차도 경험적으로 검증될 수 없는 실체에 관해서 형이상학적인 주장을 한다. 그것은 그들의 신념을 바탕으로 한 것이다.

'세상이 어떻게 운행되며 그 기본적인 구성이 어떠한가에 대해'라는 것으로 세계관은 인식론, 형이상학, 도덕 등 실체의 모든 측면을 다룬다. 또한 세계를 해석하고 설명하며 정의한다. '무엇인가'에 대한 정의만 내리는 것이 아니라 '어떻게 해야 하는지'에 관한 방향성도 제시해 준다.

세계관은 사람들마다 다르며 나라마다 다르다. 이것은 인간과 문화, 국가와 역사에 영향을 주는 행동방식이나 생활스타일을 만들어낸다. 공동체 안에서도 마찬가지이다. 우리가 공동체에 속하거나 혹은 공동체 안에서의 사람들을 이해하기 위해서는 그곳에서의 세계관을 주의 깊게 살펴볼 필요가 있다. 또한 각 개인의 세계관에 대해서도 마찬가지이다.

눈에 보이는 갈등은 보이지 않는 세계관의 충돌이 가능성이 높기 때문이다. 동일한 질문을 가지고 각각의 세계관에 따라 다른 대답을 한다. 이러한 대답은 공동체를 성공으로 이끌기도 하지만 실패로 이끌기도 한다. 세계관을 형성한다는 것은 공동체의 정체성을 세우는 일이자, 우리가 추구해야 할 가치를 만들어가는 과정이기에 중요하다.

세계관의 영향력

세계관을 쉽게 생각하면 세계를 바라보는 관점이자 생각들이다. 사물이나 자연의 이치를 바라보는 것들은 바로 관점에서 나오는 것이다. 예술가나 발명가처럼 창의적인 이들은 그 사람만의 독특한 세계관으로 독창적인 작품을 만들어 낸다.

유럽 예술 르네상스의 시작은 이러한 과정을 보여준다. 어느 날 바티칸의 한 시인이 산에 올라가 묵상을 하며 100년 전 한 철학자의 책을 보았다. 그 책에는 이런 문장이 있었다.

> "인간은 산 정상에 올라 아름다운 광경에 넋을 잃고, 풍랑이 이는 바다를 바라보면서, 굽이치며 흘러가는 강물을 바라보면서, 세상을 휘몰아치는 큰 대양을 바라보면서, 밤하늘에 가로지르는 별들의 운행을 바라보면서 넋을 잃지만, 정말 인간 내면에 대해서는 진지하게 생각하지 않는다."

그것은 산을 바라보고 있는 자신의 내면의 세계에 진지하게 고민하게 만들어 주었다. 그리고 이 문장에 대한 잠깐의 깨달음은 이 시인의 새로운 사고의 패러다임을 열어 주었다. 그가 깨달은 것은 내면세계의 아름다움이었다. 산이 아름다운 것은 그 산을 아름답게 바라보는 내면의 세계가 있기 때문이었다. 즉 외면의 아름다움 때문에 내가 아름답다고 느끼는 것이 아니라 내면의 세계에서 아름다움을 느끼기에 그것이 아름답다고 여기는 것이다.

그는 그 내면의 세계를 생각하며 단 한 마디도 하지 않고 산에서 내려와 위대한 시대를 여는 사상적 설계를 시작했다. 바로 그 시인이 르네상스 시대의 세계관에 철학적 기초를 놓은 페트라르카이다. 산에 올라 100년 전의 《아우구스투스의 고백론》을 읽으며 새 시대를 여는 깨달음을 얻은 것이다.

당시 예술의 방향은 종교적인 표현이 많았는데 그것들을 화려하게 표현하는 것이 주류였다. 즉 눈으로 보이는 아름다움을 추구하는 것이다. 하지만 페트라르카의 영향을 받은 후 예술가들은 그 예술작품의 본질적인 내면을 표현하기 시작했다.

한 예로 종교적인 예술작품으로 빠지지 않는 주제가 바로 성경에 나오는 최초의 인물 '아담과 이브'이다. 르네상스 이전의 사람들은 아담과 이브를 그릴 때 아담은 예수님을 그리고 이브는 마리아를 상징하기에 최대한 아름답고 경이롭게 그리는 것이 일반적이었다.

르네상스 시대 이전과 이후의 회화 양식

왼쪽
르네상스 이전
알브레히트 뒤러
〈아담과 이브〉

오른쪽
르네상스 시대
마사초 〈아담과 이브〉

하지만 르네상스가 시작되고 '아담과 이브'는 변화했다. 르네상스 시대 미술계의 거장 마사초는 '아담과 이브'를 비참하고 슬픈 모습으로 표현했다. 이전 사람들은 아담과 이브의 외적인 부분을 표현했다면, 마사초는 아담과 이브가 천국에서 쫓겨 날 때의 내면의 상태를 표현한 것이다. 이러한 부분이 르네상스 양식의 대표적인 특징이다.

르네상스 시대의 이러한 사상은 철학에서 미술과 예술 쪽으로 퍼져 나갔고 더 나아가 종교개혁까지 영향을 미치게 되는 계기가 되었다.

독특한 세계관은 독특한 스타일을 만들어 낸다.

현대에도 영화나 음악 그리고 예술을 보면 장르가 있다. 이러한 장르에는 그들만의 특징들이 있다. 일반적인 언어로 표현하자면 분위기, 느낌, 스타일이다. 이러한 것들은 그들만의 세계관을 기반으로 나온다. 그들의 생각하는 방식들이 일관성을 가지면서 그들의 예술철학으로 만들어진다.

세상에서는 보이지 않는 것이 보이는 것을 만들어 내는 경우가 많이 있다. 공동체 안에서 우리가 무엇인가를 만들어 낼 때 생각해 볼 수 있는 것들이다. "사람들이 이곳에서 어떤 세상을 바라보기 원하는가?", "어떤 느낌을 받기 원하는가?", "어떻게 우리의 가치를 행동하게 만들까?" 이런 고민들에서 세계관은 방향을 제시한다.

공동체가 존재한다는 것은 외적인 실체에서 시작되는 것이 아니다. 실제로 공동체가 존재한다는 것은 그들의 보이지 않는 가치들로 시작된다. 그리고 그것이 공동체 전체 구성원들의 내면세계에 질서를 만들어 주는 것이다. 그것들이 외부로 나오며 그들만의 느낌과 스타일로 구현되고 행동하게 되는 것이다.

독서 모임을 운영할 때 가장 먼저 개발한 워크북이 〈문화편〉이었다. 거기에는 독서 모임의 방향과 원칙 규칙들과 추구하는 가치들이 있었고, 토론 스타일과 스토리가 담겨 있었다. 그리고 처음 오신 분들은 이 문화편을 오리엔테이션 하도록 했다. 소통하기 어려운 사람들도 이곳에서는 그 분위기를 따라가기에 토론에서는 원칙이 있고 항상 서로를 존중했다.

공동체의 문화 속 가치들은 그곳에 참여하는 사람들에게 전달이 된다. 문화 속에서 보여지지 않지만 사람들은 그 가치 속에서 행동하고 표현하기 시작하는 것이다.

세계관의 전파 과정

세계관은 어느 교수의 서재에 난해한 책들의 먼지 낀 페이지 사이에 있는 것이 아니다. 그것은 바다를 건너 수세기 동안 사회를 통해 전파되며 개인, 문화, 국가 그리고 역사의 흐름을 형성해왔다. 세계관은 수직적이면서 수평적으로 퍼져 나간다.

세계관은 지리적으로 볼 때, 개인에게서 출발하여 그의 제자들에게 전달되고, 그 제자들은 각자의 지역사회에 전파하고, 점점 더 나아가 국가와 결과적으로 세계에까지 수평적으로 전달된다. 그리고 수직적으로 삶의 모든 영역에 침투되어 가치관, 사회구조, 문화관을 형성한다.

세계관은 일반적으로 종교적 신념, 철학적 추상, 또는 과학적 이론으로 발전되어 음악이나 예술을 통해 하부구조로 전달된다. 한 시대의 세계관을 이해하기 위해서는 현대 미술관이나 최신 음악을 들으면 세계관의 생각들을 엿볼 수 있다. 그 세계관은 사회의 사법, 정치, 사회, 경제구조에서 법제화되고 그런 다음에 대중문화에 흘러 들어가 일반 시민의 행동양식과 생활에 영향을 미친다.

세계관은 보통 지식계급에서 출발한다. 예를 들면, 교사, 변호사, 목사, 언론인, 작가, 연예인, 정치인 등에서 시작된다. 이후 이 세계관은 일반인들의 생활양식으로 전파된다.

역사 속의 세계관의 전파 과정을 보면 어떠한 철학에서 시작하여 문학과 예술로 전파되고, 이것들이 대중문화가 된다. 마지막으로 무신론이든 유신론이든 사람들의 신념에 갖고 있는 종교에 스며들면 세계관은 사람의 생각과 행동을 완성하게 되는 구조가 된다.

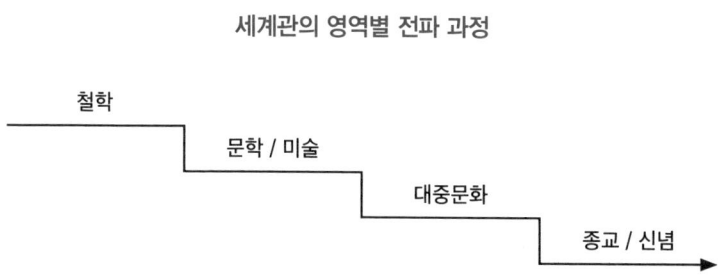

세계관의 영역별 전파 과정

세계관은 또한 시간에 따라 확산된다. 개발경제학자 슈마허^{E.F Schumacher}는《작은 것이 아름답다》라는 책에서 이렇게 말했다.

"새로운 사상을 창출해 내는 사람들은 대부분 그것에 지배받지 않는다. 그러나 그들의 사상은 삼대나 사대에 내려가면서 언어를 포함하여 다른 많은 사상들과 합쳐지고, 사람들의 생각 속에 알지 못하게 스며들 때 그때에야 사람들의 삶을 지배하게 된다."

세계관이 세계에 퍼지며 문화에 침투하는 데는 항상 시간이 걸린다. 그러나 현대에는 정보기술의 발달로 인해 전보다 빠르게 전파되는 추세이다.

우리는 세계관을 볼 수 있는 눈이 필요하다. 세계관의 정의와 형성 과정을 생각해 보는 것은, 우리가 생각하고 행동하는 것들이 어떤 세계관의 영향을 받고 있으며, 그것이 어디에서 흘러들어오고 있는지를 볼 수 있는 눈을 열어준다. 우리 공동체의 세계관에 대해 고민해 볼 수 있는 시간이 필요하다.

Chapter 03

글로벌 세계관과 자유의 세계관

우리는 세계관을 볼 때 세계 곳곳의 다양한 세계관에 대해 생각해 볼 수 있다. 세계관이 국가 공동체에 어떤 영향을 미치는지를 생각해 보고 세계관으로 인한 역사를 생각해 본다면 어떠한 세계관이 우리에게 유익한지를 고민해 볼 수 있다.

우리는 국가적 공동체의 세계관을 다루어 볼 때 이 질문으로 시작할 수 있다.

"자유무역의 발달에도 불구하고 왜 수억의 사람들이 아직도 무지하고 가난과 전쟁, 그리고 질병과 두려움에 절망하고 있는가?"

대부분의 사람들은 문제를 사회적, 경제적, 정치적 관점과 연관지어 연구한다. 그러나 이번 파트에서는 **세계관에 근거**하여 그 이유를 찾고자 한다. 이것은 보이지 않는 영역에서의 분석이다. 세계의 각 나라 사람들은 그들의 사회와 그 국가가 생각하는 방식뿐만 아니라 살아가는 방식을 형성하는 문화적 가치관과 종교적 신념이 있다.

북아메리카 대륙의 카리브해에 도미니카 공화국이란 나라가 있는데, 이 나라는 매우 아름다운 자연환경을 가지고 있다. 그곳의 한 마을에 많은 일본인 부자들이 살고 있다고 한다. 나라는 도미니카인데 대부분의 부자들이 일본인이다. 반면 도미니카 현지인들은 아주 가난하고 그 가난을 아직까지도 대물림하고 있다.

일본인들이 2차 세계대전 이후 처음 이곳에 들어왔을 때 일본인들은 빈손으로 도착하여 현지인들과 동일하게 가난한 농부로서 시작했다. 하지만 같은 상황에서 일본인들은 몇 십 년 후 큰 부자가 되었다. 현지인들과 일본인들의 차이점은 무엇이었을까? 도대체 무엇 때문에 이런 차이와 결과가 생기는 것일까?

그것의 해답은 바로 세계관의 차이였다. 일본 이민자에게는 그들의 사회적인 가치관이 있었는데 이것은 **더 열심히 노력하라! 포기하지 말라. 결코 포기하지 말라!는 감바리**Ganbare**라는 가치관**이었다. 그들에게는 누구나 노력하면 성공할 수 있다는 가치관에서 비롯된, 적극적인 세계관이 자리 잡고 있었다.

반면 도미니카의 현지인들은 운명론에 빠져 있었다. **무엇이든 되기로 운명 지어진 것은 그렇게 된다는 운명론적 가치관**이 있었기 때문에 가난을 극복하지 못한 것이다. 이런 세계관에 기초한 일련의 사고방식이 그 사람들의 행동을 규정하게 하고 그 행동은 가난을 불러일으켰던 것이다.

세계관은 사람의 생각과 삶을 지배하는 관점이고 세상을 이해하는 전제들이다. 특히 종교적인 세계관은 그 운명과 그 문화에 지대하고 막강한 영향력을 배후에 가지고 있 다.

힌두교에서는 사람이 도움을 받아야 할 이유가 없다. 가난한 이들은 전생의 업인 카르만^{Karma} 때문이라고 믿고 있다. 그래서 그들이 가난을 벗어나는 방법은 다음 생을 위해 현세에 고통을 그저 감내하는 것이라고 한다.

만약 우리가 이것을 안타까워 이들을 가난에서 탈출시켜 보려고 학교를 만들고 교육을 시키려 한다면 가장 크게 부딪히는 장벽이 무엇일까? 바로 이들 내면에 자리 잡은 운명론적인 세계관이다. 이것이 사람들을 사로잡고 있고 가치관이 행동으로 움직이고 있기에 벗어날 수 없는 것이다.

이러한 문제들은 그들이 자신에게 주어진 어려움들을 빠져나오지 못하게 하는 문화적 가치관이다. 사례에서 보여주듯 물리적 가난은 문화에 뿌리를 두고 있는데 이는 사람들이 지니고 있는 일련의 사고방식이 행동을 규정하며, 행동은 가난을 불러오게 된다는 것을 보여주는 것이다.

'나는 가난해… 다른 사람들이 나를 가난하게 만들었기 때문에 나는 가난해. 그들이 나의 문제를 해결해 주어야 해.
나는 스스로는 못해.'

이러한 빈곤주의 사고방식은 사람들로 하여금 물질적으로 헐벗고 굶주린 채로 살게 한다. 심지어는 가난으로부터 빠져나갈 생각조차 할 수 없게 된다.

막스 베버는 이러한 관점을 예리하게 지적하며 **'생각이 결과를 낳는다.'**는 이론을 내어 놓았다. **빈부의 이유를 내면의 생각으로 해석**한 것이다. 부를 창출하는 것이 형이상학적인 생각에서 출발한다는 것은 당시 유럽 사회에 큰 파장을 일으켰다. 이 이론을 기반으로 한 《프로테스탄트 윤리와 자본주의 정신》이라는 책은 그를 유명하게 만들었을 뿐 아니라 이 사상은 북유럽을 가난의 속박으로부터 벗어나게 한 원동력이 돼 주었다.

생각이 결과를 만드는 패러다임

신념 ➡ 가치관 ➡ 행동 ➡ 결과

생각이 결과를 만드는 것은 신념(믿음)을 가지고 그러한 가치를 가지고 행동했을 때 그에 따른 결과를 만들어 낸다는 패러다임이었다.
문제가 인간의 내면에서 나오는 이상, 해결책도 그곳에서 나오기 마련이다. 경제학자 월터 윌리엄스Walter Williams는 '우리는 빈곤의 문제를 다룰 때 마음을 가다듬고 우리의 두뇌를 사용하여 냉철하게 생각해야 한다'고 말한다.

어떤 일을 시작하든 그 지역 사람들 사이에 뿌리박힌 사고방식과 그것이 그 일의 계획에 미치는 영향력을 고려하지 않는다면, 시작하기도 전에 무너지는 심각한 위험성을 안고 있는 것이기 때문이다.

<u>생각하는 방식이 국가의 부를 만든다.</u>

우리가 경험한 거대한 두 세계관

경영학의 아버지로 불리는 피터 드러커는 한국의 성장을 바라보며 미국을 이렇게 효과적으로 활용한 나라는 한국밖에 없다고 말했다. 그 이전 시대의 대한민국은 일제가 40년간 지배했었다. 그때 우리가 쌓아 놓은 문화와 나라는 사라져 갔고 파괴되었다.

독립을 하고 난 후로도 내전으로 지속적인 힘든 시간을 거쳐 왔었다. 전쟁은 이 나라를 가난과 기아에 허덕이게 만들었다. 나라가 힘이 없고 가난한 시기였기에 다른 선진국으로부터 원조를 받는 나라들 중 하나였다.

내전의 막은 한 나라가 남과 북으로 갈라지는 것으로 종료되었다. 이것은 기나긴 두 세계관의 길이었다. 한 나라는 소련의 사회주의라는 세계관을 가지고 길을 떠났고, 한 나라는 미국의 자유민주주의라는 세계관을 가지고 길을 떠났다.

분단 70년이 지난 지금 한 사회는 공산주의 체제로 세계에서 아직도 가난하고 자유를 억압받는 나라가 되었고, 한 사회는 글로벌 사회에서 인정받는 부유한 나라가 되었다.

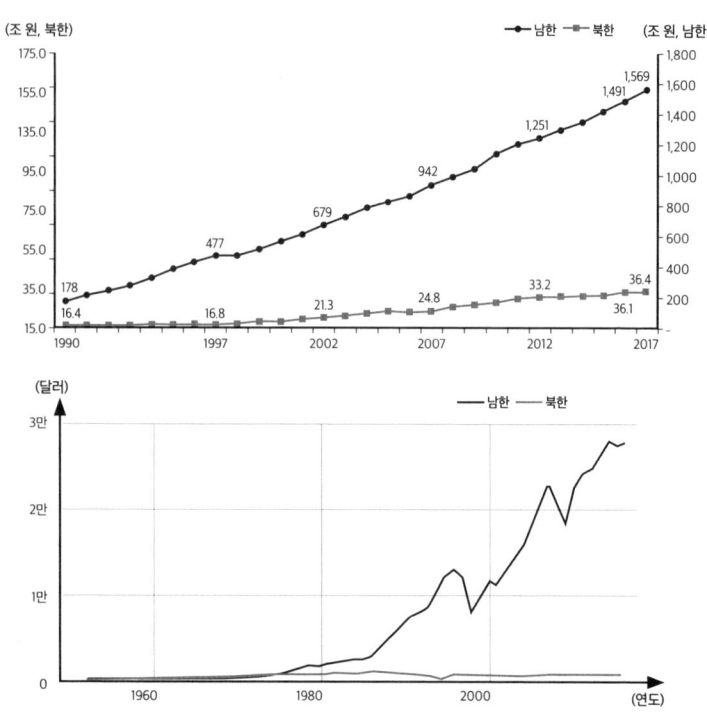

GDP 국민총생산 / GNI 국민 총소득

똑같이 어려운 상황에서 시작이었지만 결과는 달랐다. 북한의 1인당 총소득은^{GNI} 146만원으로, 남한의 23분의 1 수준에 이른다. 세계관의 영향력은 실로 강력했다. 남과 북의 세계관을 보는 것은 작은 글로벌 세계를 볼 수 있는 눈을 만들어 준다. 글로벌 사회는 크게 이러한 두 개의 큰 세계관 흐름 속에서 동맹관계를 가지고 있는 것을 볼 수 있기 때문이다. 그들의 동맹 관계에서는 서로의 기술적, 자원적, 정치적 원조를 하며 함께 성장해 나간다.

우리나라가 이렇게 성장할 수 있었던 원동력은 미국과의 협력적 동맹을 통한 것이다. 이와 동시에 그들의 세계관을 모델링으로 그들의 문화와 기술, 정치, 과학, 경제, 경영 등을 빠르게 배워 적용했기 때문이다. 우리의 역사 속에 미국이라는 나라는 큰 영향을 미쳤고 현재에도 영향을 미치고 있다.

그런 부분에서 미국의 세계관을 이해하는 것이 중요하다. 그것은 대한민국의 건국은 미국의 세계관을 모델로 만들어진 것이고, 그러한 세계관이 지금의 우리를 존재하게 만든 것이기 때문이다.

또한 현재 인류에 경제적, 문화적, 사회적으로 가장 큰 영향력을 가진 국가가 미국이다. 글로벌 사회에서 그들이 추구하는 가치관은 무엇이고, 그 시작이 어떻게 시작되었는지 다루어 보려고 한다. 이러한 부분을 다루며 우리의 세계관을 돌아볼 수 있을 뿐 아니라 공동체에 적용할 수 있는 세계관의 아이디어들을 얻을 수 있다.

자유를 향한 여정

미국의 시작은 한 여정에서 출발했다. 1620년 종교탄압으로 100여 명의 영국 청교도들은 메이플라워호를 타고 신대륙으로 출발했다. 그들이 험난한 바다를 건너는 목적은 단 한 가지, 종교의 자유를 찾기 위해서였다. 그들의 여정은 험난했다. 건장한 남자들 외에도 여자들과 연약한 아이들이 함께 사나운 파도와 질병의 고통을 견디며 망망대해를 헤쳐 나갔던 것이다. 그 여정에서 많은 이들이 죽기도 했다. 66일간의 기나긴 항해를 마치고 매사추세츠주 플리머스에 도착하게 된다.

그들은 도착하여 다짐하며 하나의 선언을 한다.

"앞으로 우리들이 살아갈 공동체는 다수결 원칙에 따라 운영된다."

이것이 미국에 처음 도착한 사람들의 '**메이플라워호 선언**'이다. 이들은 이러한 가치를 가지고 공동체를 꾸려 나갔고 국가로 발전시켜 나갔다. 특히 미국은 '자유'라는 가치를 소중히 여기며 민주주의와 개인주의를 발전시켜 나갔다. 이 가치들은 그들을 이해하는 매우 중요한 가치이다.

그들은 영국의 식민지로 정착하여 처음을 시작했다. 하지만 부조리한 영국의 간섭으로부터 갈등을 겪으며 자유를 향한 전쟁이 시작되었다. 어디로 가야 할지 모르던 시민은 패트릭 헨리의 유명한 "자유가 아니면 죽음을 달라"의 연설에 감화되어 전쟁에 가담하고 함께 용감하게 자유를 위해 싸웠다.

드디어 1783년 미국은 승리하게 되고 13개의 영국 식민지는 독립선언문을 발표하며 미합중국을 결성하게 된다. 독립선언문에는 이러한 미국의 중요한 가치를 담은 부분이 이 부분이다.

> "모든 사람은 평등하게 태어났고, 조물주는 몇 개의 양도할 수 없는 권리를 부여하였으며, 그 권리 중에는 생명과 자유와 행복의 추구가 있다."

이것이 인류 역사상 최초의 근대적인 민주공화국이었다. 그들의 가치는 영국의 사상가인 존 로크의 사회계약론을 받아들여 "생명, 자유, 그리고 재산"이라는 말을 토머스 제퍼슨이 '재산'을 '행복'으로 표현을 바꾸었다.

미국에 관하여 가장 많이 읽히는 고전이자 가장 영향력 있는 저작인 A. 토크빌의 《미국의 민주주의》는 미국의 형성 과정과 그들의 가치와 문화가 어떻게 정착되었는지를 생생하게 묘사하고 있다. 미국에 나타나는 가장 큰 특징은 '자유'와 '개인주의'라고 그 책에서 말하고 있다. 이러한 가치들은 미국의 국부들이 정립한 가치관들이었다.

그 중 미국 국부들이 지키기 원한 중요한 것은 바로 자유라는 가치였고, 그 다음세대에도 자유가 지속되기를 원했었다. 자유라는 것은 미국을 표현하는 상징이기도 하다. 레이건 대통령의 연설 중 이러한 부분을 잘 표현했다.

> "자유를 통해 독창성과 상상력, 창조력 같은 힘이 배출됩니다. 자유롭게 꿈꾸는 것이든 시도되지 않은 아이디어를 논의하는 것이든 혹은 시장에서의 자유든 사람들은 자유를 가질 때에만 혁신과 기회가 가능합니다. 자유를 누릴 수 있는 한 불가능한 것은 없습니다."
>
> 레이건 대통령

미국 국부들의 가치를 이어받은 레이건 대통령은 자유가 미국 번영의 동력임을 알고 있었다. 그는 자유의 가치라는 것은 각 개인들에게 나오는 것이라고 믿었다. 그리고 그 개인들을 믿은 것이다. 그는 한 개인이 자유를 가지고 하는 일들에 대한 잠재성과 가치를 신뢰하였다. 또한 자유에 대한 부분에서 내적인 영혼과 내면의 가치에 대해 중요시하였다.

그는 자유가 "인간 영혼의 가장 깊고 숭고한 열망 중 하나이다."라고 표현하며 인간의 본질적인 요소임을 강조했다. 자유는 인류 보편적인 열망인 것이다.

미국의 러셀 커크는 《미국 질서의 기원》이라는 책에서 질서 있는 자유에 대해 소개하며 미국이 외적 질서를 통해 성공적으로 통치되기 전에 먼저 국민에게 내적 질서가 필요함을 이야기했다. 국가의 외적 질서를 위해서는 국민 개개인의 내적 질서가 필수적이라는 것이다. 미국의 첫 번째 대통령인 조지 워싱턴도 같은 맥락에서 국민이 스스로를 먼저 다스리는 것이 국가를 차지하는 것보다 우선이라고 했다.

미국의 성공의 기초는 이러한 자유와 개인에 대한 믿음에서 시작된 것이다. 국부들은 이러한 기초를 바탕으로 대담하고 미래지향적인 사회를 만들어 갈 것을 바라본 것이다. 그들은 자유와 개인주의가 공동체의 가치를 높이고 번영하게 해줄 것이라 믿었던 것이다.

온전한 개인주의는 공동체 안에서의 개인주의이다. 개인을 존중하는 것을 넘어 내가 아닌 타인의 '개인'까지도 존중하는 것이다. 개인이 공동체의 전체를 동시에 생각할 때 탁월한 시스템으로 돌아가게 된다. 하지만 민주주의와 개인주의 시스템이 각 개인의 이기심으로 작용할 때 많은 문제가 발생하게 된다.

개인주의 방향

개인의 꿈 ➡ 공동체의 꿈 ➡ 국가의 꿈 ➡ 인류의 꿈
개인의 가치 ➡ 공동체의 가치 ➡ 국가의 가치 ➡ 인류의 가치

초기 미국인들의 삶에는 신앙을 바탕으로 공동체를 향한 사랑이

있었고 개인이 지켜야 할 윤리와 양심을 가지고 있었기에 이러한 민주주의와 개인주의는 탁월하게 돌아갔을 것이다. 지금과는 사뭇 다른 형태였을 것이다.

어쩌면 미국 국부들의 후손들에게 이러한 한 가지 선택을 제안하고 있는 것은 아닐까 생각이 든다. 다음세대의 개인이 자유를 어디로 쓸 것인지에 대한 '자유'이다. 그리고 그들의 믿음 속에 그 자유의 선택이 이타적인 방향으로 흐를 때 그들이 꿈꾸는 세상이 만들어진다는 믿음이 있었을 것이다. 미국의 국부들은 이러한 것을 이미 알고 선택에 대한 자유를 다가올 세대에게 맡겨 두었던 것은 아닐까?

지금 우리에게 주어진 자유의 선택은 무엇인가?

Chapter 04

독립정신과 자유정신

자유의 시작 독립

한국에는 102세가 된 철학자이자 연세대학교 명예교수인 김형석 교수님이 계신다. 100년이 넘게 1세기를 넘게 사신 것이다. 일제의 식민지, 독립, 분단 등 대한민국의 격동기를 거치신 분이다. 한 기자가 한 시대를 넘게 살아오신 철학자에게 과연 100년을 살아가는 동안에 가장 기뻤던 적이 언제였는지 질문했다.

"제 인생에서 가장 기뻤던 기억은 대한민국 독립이었습니다. 독립이 주는 해방의 기쁨은 제 인생에서 최고의 기쁨이었습니다. 일제 식민지를 겪어본 사람이라면 누구나 해방의 기쁨보다 더 큰 기쁨은 없을 것입니다."

그 대답은 조금도 망설임도 없었다. 직접 경험해 보지 않았지만 노교수님의 확고한 대답으로 조금이나마 해방이 주는 자유의 기쁨이 얼마나 큰 것인지를 간접적으로나마 깨달을 수 있었다. 자유는 누구에게나 소중할 뿐 아니라 기쁨이다.

지금 우리는 그러한 독립을 통해 자유를 누리며 살아가고 있지만 외적인 자유일 뿐 진정 내면의 독립으로 성숙된 자유를 누리지 못하는 것 같다. 내면의 진정한 자유를 누리기 위해서는 독립을 하고자 하는 의지를 가지고 있어야 한다. 그것이 자유의 시작이기 때문이다.

진정한 자유는 내면의 자유

일제 식민지 이전 시대로 올라가 보면 우리에게 역사 속 아픈 문화가 있었다. 바로 노비의 문화이다. 역사 속 조선은 법으로 국민들을 사, 농, 공, 상, 노비 등으로 신분을 나눠놓고 신분이 낮은 자는 신분이 높은 자에게 무조건 복종해야 하는 문화를 가지고 있었다. 이를 어기는 것은 천지자연의 떳떳한 이치에 어긋나는 것이었다.

이들은 일제시대가 되면서 노비에서 해방이 되었지만 진정한 자유를 누리지 못한 이들이 많았다. 조세희의 《난쟁이가 쏘아올린 작은 공》이라는 소설에는 이러한 상황에 대한 묘사가 나온다.

일제가 침략하자, 양반이 대대로 노비로 살아온 이들에게 자유를 주었지만, 평생을 노비로 살아온 그들은 양반의 바짓가랑이를 붙

잡고 자신들을 버리지 말라며 울며 매달리는 장면이다. 비록 자유를 얻더라도 독립의 정신이 없으면 그것은 진정한 자유가 아닌 것이다.

<u>진정한 자유는 내면의 자유이다.</u>

독립정신

대한민국의 초대 대통령이었던 이승만은 독립 후 건국에 큰 영향을 미친 인물이다. 우남 이승만은 1899년 그의 나이 24세에 고종황제 폐위 음모에 가담했다는 이유로 투옥된 후 6년 동안 감옥에서 생활했다. 이때 종교 핍박으로 체포된 미국 선교사들과 함께 옥중 생활을 했다. 이들은 서양에서 훌륭한 교육을 받고 숭고한 가치관을 가지고 한국에 온 이들이었다.

이승만은 이들과 소통하며 옥중에서 개인과 국가와 세계에 대한 그들의 인생관, 세계관, 종교관, 정치사상을 공부하고 생각하며 정립할 수 있었던 시간이었다. 그리고 감옥에서 《독립정신》이라는 책을 집필했다. 우남 이승만은 독립하기 위해 무엇보다 독립의 정신이 있어야 한다는 것을 깨달았다. 독립하고자 하는 사람의 마음이 있는 한 나라는 없어진 것이 아니라는 것이다. 외적으로 나라를 빼앗겨도 마음에 독립이 있으면 그 나라는 살아 있다는 것이 그의 생각이었다.

이 책은 5천년 동안 내려오던 왕정의 역사를 공화정으로 탈바꿈

하고 서양의 정치, 사회, 문화적 전통의 이론적 기초를 두는 가이드뿐 아니라 세계화와 선진화를 지향한 오늘날의 대한민국 건국을 위한 국민 계몽서였다.

이 책에서 백성은 지배의 대상이 아니라 나라의 주인이며 그들 하나하나가 자유, 독립, 자유를 가진 독립적인 존재이고 스스로 판단할 수 있는 개인이며, 그런 개인들이 모여 하나의 나라라는 공동체를 운영해 나간다는 것을 쉽고 명쾌하게 풀어 놓았다.

우리의 전통과 습성 가운데 유교식 정치의 습성을 가지고 있는 것이 특징이다. 그는 이런 유교적 문화가 사람들의 독립정신을 갖추지 못하게 한다고 생각했다.

> "'백성은 이에 따르게 할 것이되 이를 알게 할 것은 아니다.'라고 말한 옛 사람이 있었다. 이는 '국민은 단지 정부에 복종하게 하면 된다. 정치의 내막을 알릴 필요는 없다. 어차피 세상은 무지한 민중이 많으므로 뛰어난 정치가가 위에서 국민을 지배하고 정부의 명령대로 복종시키면 그것으로 충분하다'라고 하는 이러한 생각은 옛날 공자가 주창한 유교주의인데 이는 대단히 틀린 생각이다."

그의 말은 한 사람, 한 사람이 독립이요 곧 국가의 국력인 것이다. 국민이 깨어 있고 독립적일 때 국가는 건강하게 살아나고, 국민이 무지하고 의지하기를 원할 때 나라가 부패하고 병든다는 것이다. 이러한 사실은 우리나라뿐 아니라 세계 역사 속에서 어렵지 않게 찾아볼 수 있다.

그의 독립정신은 공동체도 마찬가지이다. 공동체에 속해 있는 사람들이 자신들이 독립적으로 할 수 있다는 정신이 심어지는 순간 공동체는 생기가 돋기 시작하며 생명력을 갖기 시작한다. 독립정신은 자유를 누리기 위한 내면의 정신이다.

내면의 독립정신은 문화를 통해 만들어진다

한국은 과거의 역사 속에 같은 민족에게 그리고 타국의 지배를 받으며 살아 왔었다. 그러한 삶의 모습은 지금은 없어졌지만 우리는 아직도 무엇인가에 묶여 살고 있는 것 같은 느낌이 들 때가 있다. 그것은 바로 마음의 자유를 가지지 못하는 것이다.

이전에는 어떤 대상의 지배로부터 자유였다면, 지금은 조금 다른 형태로부터의 자유이다. 현대판 노비들은 바로 꿈을 가질 수 없는 우리의 세대들이라고 생각한다. 자신의 꿈보다 현실에 맞춰서 살아가는 사람들이다. 그들은 스스로도 무엇인가 묶여 있다고 생각하고 그것에서 벗어나고 싶어 한다. 하지만 막상 그렇게 벗어난다고 하여도 어떻게 해야 할지 몰라 다시 자신의 자리로 돌아가게 된다. 이 시기가 독립정신이 필요한 때이다.

꿈을 가질 때는 자유로워야 하고 이와 동시에 나가가야 하는 방향에 대한 지식과 지혜가 필요하다. 그렇기에 꿈을 가진 이들은 지속적인 교육으로 자신의 새로운 길을 개척하고 새로운 생각들로 채워 나가야 한다. 그 과정 속에서 꿈들의 길들이 열리는 것이다.

무엇인가를 향해 도전하고 나아갈 때 의존하고 싶은 마음은 개인의 독립심을 키우지 못한다. 혼자서 할 수 없어 도전하는 것을 도와줘야 하지만 너무 많은 도움과 간섭은 오히려 독립심을 저하시키며 개인의 자유로운 생각과 행동을 방해하기도 한다.

이러한 것이 공동체에서 고민하며 조화를 이루어야 하는 부분이다. 구성원들에게 더 큰 의미로 나아갈 수 있게 지지해 주는 동시에 이들이 자유롭게 꿈을 펼칠 수 있도록 기회를 제공해 주는 것이다. 독립심은 자유로운 생각을 펼칠 수 있게 만든다.

공동체 안에서 훈련되어야 하는 중요한 부분 중 하나가 '독립심'이다. 이것은 독단적인 행동과는 다른 말이다. 혼자 할 수 없는 것을 함께 지켜 봐주며 지지해 줌으로써 할 수 있는 것이다. 이를 위해 공동체 안에서는 스스로 할 수 있는 문화를 구축해 주는 것이 필요하다. 어느 조직이든 2가지를 고민해 볼 수 있다.

하나는 스스로 자신의 생각을 자유롭게 말할 수 있는 문화이다. 이 문화가 형성되기 위해 중요한 것은 격려하는 문화이다. 사람들은 누구나 자신의 생각을 말하는 것을 두려워하고 고민한다. 유교문화권인 한국인은 더 그러한 성향을 가지고 있다. 진성성 있는 격려는 사람들의 생각을 자유롭게 만들어 준다.

다른 하나는 공동체에서 리더로 세우는 교육과 훈련이 다양하게 시도되어야 한다. 리더의 기회는 프로젝트 및 부서의 리더도 있지만, 소모임, 여행, 미팅 등 소소한 부분에서도 리더가 필요하다. 공동체에서 다양한 사람의 리더십을 경험할 수 있게 해주는 것이다. 공동체 리더는 구성원은 누구나 리더가 될 수 있고, 나도 리더가 될 수 있다는 것을 확신하게 해주는 분위기가 무엇인지 고민해 볼 필요가 있다. 공동체에서 이러한 문화를 형성하기 위해 진심으로 타인에 대해 알아가고 서로의 꿈을 존중해 주는 마음이 필요하다.

Chapter 05

공동체의 세계관 기획

좋은 공동체를 넘어 위대한 공동체로

《좋은 기업을 넘어 위대한 기업으로》의 저자 짐 콜린스는 좋은 기업들이 어떻게 글로벌의 세계적인 기업으로 성장할 수 있는지 연구팀들과 함께 위대한 기업들을 연구했다.

좋은 기업에는 훌륭한 리더와 직원이 있지만, 위대한 기업에는 구성원들을 움직이게 하는 가치와 철학이 존재한다는 사실을 발견했다.

위대한 기업의 초기에는 창업 리더와 핵심 멤버들이 회사를 이끌며 성장시킨다. 이들의 가치와 생각은 회사의 규율 있는 사고방식으로 자리 잡고, 그것이 곧 회사의 정체성이 된다. 이렇게 형성된 규율은 기존 구성원은 물론 새로 합류하는 사람들과 고객에게까지 영향을 미쳐, 모두가 자연스럽게 규율 있는 행동을 하게 만든다.

이처럼 회사를 하나로 움직이게 하는 규율 있는 사고방식이 바로 기업의 공동 가치관이며, 결국 그들의 세계관이 되는 것이다.

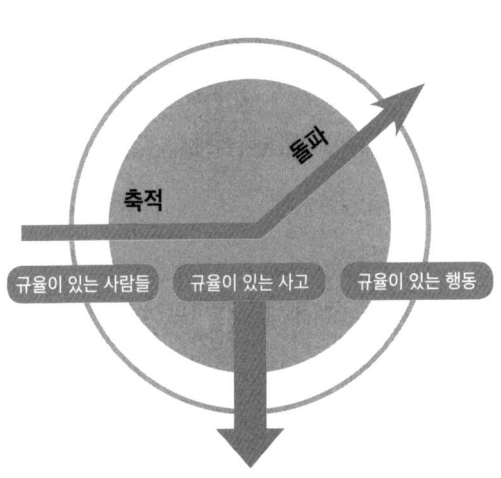

좋은 기업을 넘어 위대한 기업으로

규율이 있는 사고 = 공동체 가치관 = 세계관

미국에는 산에 미쳐 평생을 위험한 산을 오르는 한 등반가가 있었다. 이는 암벽등반을 어릴 때부터 즐기며 산을 탔다. 또한 등반을 즐기고 생계를 유지하기 위해 암벽 등반가들이 사용하는 쇄기를 만들어 판매했다.

당시 등산하는 이들은 못처럼 생긴 쇄기를 망치로 쳐서 등반하는 코스에 고정시킨 후, 그것을 줄로 연결하여 산을 등반하는 방식을 사용했다. 그는 암벽 등반의 노하우와 경험을 바탕으로 자신이 생각하는 최적의 쐐기를 제작해 큰 성공을 거두었고, 사업은 점점 성장하였다.

어느 날 그들은 자신이 좋아하는 등반을 하러 산에 갔을 때 충격적인 경험을 하게 된다. 자신들이 만든 쐐기들이 암벽들을 훼손하여 산이 망가진 것을 발견한 것이었다. 그는 더 이상 쐐기를 통해 산을 망가트릴 수 없다고 생각했고 자신의 사업에 가장 매출이 좋았던 쐐기의 생산을 중단했다. 그리고 산을 훼손하지 않고 등반할 수 있는 쐐기를 연구해 조임식 쐐기를 개발했다. 이 변화의 과정이 쉽지는 않았다. 가장 타격을 받은 부분은 매출적인 부분으로 경영적인 위기를 경험했다.

하지만 그는 암벽 등반가들에게 자신의 가치관을 공유했고, 산을 사랑하는 등반가들은 이러한 가치를 서서히 받아들이기 시작했다. 시간이 흐르면서 암벽 등반의 스타일이 변화했을 뿐만 아니라, 산을 보호하는 움직임도 시작되었다. 한 사람의 철학이 등반가들에게 변화를 일으킨 것이다. 바로 이 인물이 세계적인 아웃도어 브랜드 파타고니아의 이본 쉬나드 회장이다.

이본 쉬나드의 회사는 이후 엄청난 성장을 이루었다. 그는 회사가 성장하는 과정에서 앞으로 나아가야 할 방향에 대해 깊이 고민했다. 이는 회사의 가치와 존재 이유에 관한 고민이었고, 회사 구성원들이 어떤 공동의 가치를 추구해 나갈 것인가에 대한 질문이었다. 이를 위해 외부의 전문 컨설턴트들과 각 분야 전문가들의 자문을 받았지만, 그들이 추구하는 진정한 가치를 찾아내지 못했다. 컨설팅을 제공하는 전문가들은 비즈니스 성장에만 초점을 맞추었기에, 이본 취나드가 원하는 만족스러운 결론을 도출하지 못했다.

결국 그는 동료들과 함께 매주 외부에서 워크숍을 개최하며 함께 추구할 가치를 모색하기 위한 미팅을 진행했다. 그는 나아가야 할 방향에 대해 함께 고민하고, 그들이 중요하게 여기는 환경 문제에 자신의 기업이 어떻게 기여하며 회사를 운영할지에 대해 함께 토론했다.

그러한 과정 속에서 경영철학, 디자인철학, 상품철학, 인사철학 등 그들만의 기업 세계관이 구축되었고, 그들은 그 가치를 고객들에게 전파하기 시작했다. 그들의 카탈로그는 상품보다 그들의 가치가 담겨져 있었다. 이 가치에 환호하는 사람들은 그들의 고객이 되었다. 파타고니아를 구매하는 사람들은 회사의 가치를 구매하는 사람들인 것이다.

한 조직의 가치를 보편적인 세계관으로 확장해 나가는 과정은 매우 중요하다. 비즈니스 모델을 만들어가는 과정에서도 적용되며, 사람들의 마음을 모으는 데에도, 조직원들을 하나로 뭉치게 하는 데에도 반드시 필요하다. 이것은 결코 하루아침에 만들어지지 않는다. 외부에서 해결해 주는 것도 한계가 있다. 본질적인 부분은 조직 구성원들이 직접 찾아내야 하는 것이다.

기업에서는 초기 창업 멤버들의 생각들이 기업 가치에 많은 영향을 미친다. 회사가 존재하고 성장하며 변화하는 과정을 거쳤기에, 구성원들은 어떤 방향으로 나아가야 할지 경험을 통해 함께 가치를 설정할 수 있다. 그들은 외부의 좋은 모델과 경험, 지식을 활용해 가치를 만들고 다듬으며 정리해 나간다.

그렇다고 창업 멤버들만으로 가치가 완전히 정립되는 것은 아니다. 이러한 가치는 구성원들과 협의하여 동의가 될 때 현장에서 그 가치가 살아 움직이게 된다. 파타고니아의 이본 취나드처럼 자신이 왜 이것을 하는지를 정리하고 구성원과 함께 고민하며 나아가야 하는 방향들을 정해 나가는 것이다. 이 과정에 함께 참여할 때 구성원들은 가치에 공감하며 따라가게 된다.

위대한 기업들은 시대에 변하지 않는 철학과 가치를 가지고 그 정체성을 이어 온 기업이다. 비록 시대의 트렌드에 맞게 변화되더라도 그들의 브랜드 가치를 유지한다. 공동체도 마찬가지이다. 공동체에서도 변하지 않는 공동의 가치를 찾아내는 것이다. 그 가치의 발견은 사람을 잘 이해하고 본질을 이해하는 부분이 필요하다. 공동체의 가치관이 확고해질수록 사람들은 그 가치관을 통해 공동체에서 일어나는 일들과 사람들을 보기 시작한다.

공동체에서 좋은 세계관은 시간이 지나가면서 핵심가치와 이에 따르는 문화지침들이 점점 더 복잡해질 것 같지만 오히려 심플해진다. 적용방식은 다양하게 나올 수 있지만 원리와 원칙은 심플해지는 것이다.

  교육기획을 시작하면서 어떻게 교육을 만들고 접근해야 할지에 대해 고민을 할 시기가 있었다. 교육을 잘 만들기 위해 교육철학, 교육공학, 교육심리학, 교육과 기획에 관련된 다양한 책들을 통해 경험을 쌓았지만 교육에 대한 뚜렷한 원칙과 목적을 찾지 못했다.

  그러던 어느 날 우연히 피터 드러커의 《비영리기업의 경영》에서 비영리기업의 경영의 목적이 '한 사람의 변화'라는 메시지가 나에게 다가왔었다. 당시 독서포럼은 비영리 기업과 비슷한 형태였다. 독서포럼의 교육을 기획과 행사 그리고 여러 프로그램에 피터 드러커의 철학을 적용해 보았다.

  그 과정의 경험을 통해 교육기획을 위한 '한 사람의 변화'라는 교육적 철학을 아주 효과적으로 적용하게 되었다. 후배들과 교육을 기획할 때면 항상 이 가치로부터 시작한다.

'한 사람의 변화'

  이것은 교육을 기획하는 사람들에게 자신의 교육에서 한 사람을 고민하며 구체적으로 진정성 있는 교육기획 접근법으로 도움을 주고 있다. 한 사람을 변화시킬 수 있는 교육이라면 가치 있는 교육이고, 한 사람을 변화시킬 수 있는 사람이라면 가치 있는 사람이라는 것이다. 또한 우리가 교육하는 한사람이 세상을 변화시킬 수 있다고 믿으며 교육에 임하며, 그 한 사람이 지금 우리가 마주하는 사람 중 누구나 될 수 있다는 믿음에서 시작된다.

가치관들이 효과적으로 작용한다는 것은 심플하다는 것을 의미한다. 즉 본절적인 부분에 도달했다는 것이다. 각 사람들의 생각들, 가치들, 아이디어들을 하나로 모아 하나의 정체성을 만드는 과정은 계속되어야 한다. 그 속에서 위대한 기업으로 가는 황금 씨앗을 발견할 수 있다.

좋은 세계관은 심플하다.

공동체의 보편적 세계관

백악관 국가장애위원회 정책 차관보이자 교육학 박사이신 강영우 박사는 세계관을 두 가지로 나누어서 설명했다. '보편적 가치관'과 '고유한 가치관'이다. 보편적 가치관은 자신이 속해 있는 사회 또는 주류를 형성하는 공통된 가치관을 보편적 가치관이라 하고, 어느 민족이나 개인이 고유하게 지닐 수 있는 가치관을 고유한 가치관이라 했다.

보편적 가치관	자신이 속해 있는 사회나 시대의 문화 속에 존재하는 공통된 가치관 예 사랑, 정의, 선, 평등, 자유, 인권, 존엄 등
고유한 가치관	어느 민족이나 개인이 고유하게 지닐 수 있는 가치관 예 전통, 신앙, 개성, 브랜드, 기업스피릿 등

세계에서 가장 영향력을 크게 미치는 유대인들은 전 세계 곳곳에 살고 있으면서 자신의 고유한 신앙과 전통과 가치를 지키며 자신이 속한 사회나 조직의 공통된 가치를 빨리 배워 흡수하고 통합하며 그 사회에 영향력을 미친다. 그들은 자신만의 가치에 흔들리지 않고, 사회적 맥락 속에서 그들만의 길을 만들어 개척해 나가는 것이다.

이를 적용해 보면 세계관은 보편적 세계관과 개인적 세계관이 존재한다. 보편적 세계관이란 모든 사람이 가지고 있으며 이해하고 공감할 수 있는 세계관이다. 즉 사랑, 정의, 선, 평등, 자유, 인권, 존엄 등이다. 그리고 개인적 세계관은 자신이 가지는 독립적인 성향이다. 이것이 강할수록 개성이 강해진다.

자신이나 조직의 세계관이 퍼지기 위해서는 보편적인 세계관 속에 동화되어야 한다. 자신만의 가치에 맞는 철학을 세우고 그것들을 성장시켜 나가는 것이 필요하다. 우리와 다음세대가 할 것은 세계화 시대에 보편적 가치를 다양하게 적용하는 동시에 우리와 개인의 고유한 가치는 보존하고 지키며 정체성을 확립해 나가는 것이다.

《좋은 기업을 넘어 위대한 기업으로》에서 짐 콜린스는 영속하는 위대한 회사들은 자신의 핵심가치와 목적은 보존하면서 사업 전략과 운영 관행은 변화하는 세계에 끊임없이 적응시킨다고 했다.

즉 핵심가치와 핵심목적은 보전하지만 시대에 맞게 나라와 문화에 따라 운영규칙을 변경하고 트렌드를 반영하는 것이다. 유대인들의 방법과 동일한 것이다.

우리는 지금 빠른 변화 속에 살고 있다. 이 속도는 과거보다 더 가속화되었고 앞으로는 더 빠르게 변할 것이라 예상한다. 이에 사람들은 새로운 변화가 오면 이전 것을 버리고 완전히 변화해야 한다고 생각한다. 그러나 변화를 추구해 나갈 때 지켜야 할 것이 있다.

시간이 지날수록 핵심가치와 핵심목적은 더 커지고 단단해지는 반면 변화에 대해서는 빠르게 적용할 수 있는 공동체로 가야 하는 것이다. 이때 그 공동체는 그 고유한 것을 지켜 나가는 위대한 공동체가 될 수 있을 것이다.

세계관 기획 1단계 – 가치정의

공동체의 세계관과 가치관을 어떻게 시작해야 하는 것일까?

보통 조직 안에서 가장 영향을 미치는 것은 창업멤버들의 가치들이다. 그 가치들이 정리되어 가는 과정은 그들의 경험과 지식, 사람, 롤 모델을 통해 만들어지며 때로 종교의 영향을 받기도 한다.

> 🎯 **세계관이 형성되는 요소**
> 창업 리더 / 책 / 경험 / 교육 / 멘토 / 롤모델 / 다른 나라 문화 / 종교 등

이러한 요소들이 처음에는 암묵적인 가치이다. 그것을 명문화 작업을 통해 세계관이 드러내게 된다. 공동체의 세계관은 아래의 형태로 명문화되어 나타난다.

암묵지	→	명문화	→	보편화
생각, 아이디어 가치, 문화, 생활양식		공유가능한 형태, 시각적인 형태		표준화, 매뉴얼화, 공식화

보이지 않는 암묵적인 가치에서 보여지는 가치로 구현이 되고 이것이 정립되어 가며 보편적으로 되는 것이다. 대부분 각 개인의 가치, 기업의 가치, 공동체의 가치들은 이러한 과정을 통해 세계관을 확립해 나간다. 지금 우리의 주변에도 많은 세계관들이 문화로 공존하고 있고, 직장에서, 가정에서, 공동체에서 움직이고 있다.

세계관은 문화 속에서 법, 문화, 규칙, 회칙, 매뉴얼, 가이드, 경영지침, 정신 등으로 정리되고 디자인을 거치며 그곳의 정체성이 된다.

> 🎯 **공동체에 세계관이 구현된 형태**
> 규칙 / 미션 / 가치관 / 법 / 행동지침 / 업무 매뉴얼 / 기업문화 등

시작은 공동체의 추구하는 가치와 문화들을 기록하며 시작된다. 그러한 것들을 보편적으로 만드는 과정으로 이끌어 가보자. 기록하고 정립해 나가는 과정에서 공동체의 세계관들을 정립할 수 있다.

초기에는 조직원들이 함께 초안을 만들 수 있다. 이 부분이 어렵다면 벤치마킹이나 좋은 사례를 통해 작성한 후 조금씩 수정해 나가는 방식으로 완성시켜 나간다. 가장 좋은 것은 이러한 가치관이 형성되도록 정기적 교육문화를 장착하는 것이 가장 효과적이다. 교육을 통해 지속적으로 소통할 수 있는 기회를 만들 수 있고 이것을 실

천하며 피드백 할 수 있기 때문이다.

좋은 가치라는 것은 무엇일까? 그것은 행동할 수 있는 가치이다. 아무리 그것이 좋은 가치라 하더라도 그것을 가지고 살 수 없다면 좋은 가치보다는 이상에 가깝다. 추구하는 가치를 더 확장시키고 더 깊이 이해하기 위해 가장 좋은 방법은 그것을 가지고 살아 보는 것이다. 가치에 대한 경험을 직접 가져 보고 그러한 경험이 주는 감정들과 느낌들로 가치를 더 깊게 만들어 주는 것이다.

간디는 이렇게 이야기 한다. "세상이 이렇게 되었으면 하고 바라는 대로 행동해야 한다."

많은 위대한 사람들은 행동으로 자신의 철학을 완성시켰다. 그 과정 속에서 많은 사람들이 영향을 받고 그 사람을 신뢰하며 앞으로 나아가는 것이다.

아무리 작은 가치이고 화려하지 않고 투박하더라도 그것이 행동으로 이어지는 것이 중요하다. 공동체에서 전 구성원이 추구하는 가치가 말이 아닌 행동으로 이어지는지 끊임없이 함께 고민하며 나아갈 때 건강한 가치관이 형성된다. 좋은 가치라는 것은 실천할 수 있고 행동으로 이어지는 가치들이다.

세계관 기획 2단계 - 진리 추구

한때 '무엇이 진리인가?'라는 호기심에 빠져 있을 때가 있었다. 그

때 한 가지 재미난 것을 발견했는데 철학자들과 학자들이 진리를 진리라고 정의내리는 기준이 있다는 것이었다. 그 기준들을 통해 진리라는 것을 검증해내는 것이다. 이 기준이 복잡하지만 다음 세 가지로 요약할 수 있다.

> 🎯 **진리를 검증하는 기준**
>
> **1. 일관된 진리 체계**
> 어느 나라나 지역, 시대를 넘어 진리는 그 안에서 일관되게 이어진 메시지 혹은 진리 체계를 가지고 있는가?
>
> **2. 내적 외적 일치성**
> 이론적으로 생각하는 것들이 외부의 세계에서도 나타나야 한다. 즉 개념적인 것들이 실질적인 현실에서 나타나고 있는가?
>
> **3. 실천 가능성**
> 이 진리를 가지고 생활 속에서 살아갈 수 있는가? 활용 가능한 것인가?

모든 부분이 이런 것으로 검증하는 것이 가능한 것은 아니다. 형이상학적으로만 존재하는 것도 있기 때문이다. 하지만 우리가 가지고 있는 가치들에 대해서는 이러한 검증 도구를 통해 공동체 구성원들과 함께 고민할 때 더 수준 높은 세계관으로 안내해 준다.

세계관 기획 3단계 - 정의와 사랑

공동체의 가치들은 각각의 목적과 환경에 따라 획일화되어 있지 않지만 공동체로서 보편적으로 형성되어야 하는 것들이 있다. 많은 부분들이 있지만 제안하는 것은 2가지에 대해 기본적으로 고민해 보았으면 한다. 왜냐하면 이것은 인류 대부분의 공동체가 오랫동안 함께 고민해 온 주제이기 때문이다.

<u>정의와 사랑은 인류 공동체의 영원한 과제이다.</u>

그 주제는 바로 '정의'와 '사랑'이라는 가치이다. 모든 갈등과 해결은 이것으로 시작되고 종결된다고 해도 과언이 아닐 정도로 중요한 부분이다. 세계 역사 속의 갈등에서도 이 가치는 항상 존재해 왔다. 글로벌 시대에 세계로 나가 공동체를 꾸려 나가는 리더들에게는 더욱 필요한 주제이다.

1. 정의

'정의란 무엇인가?' 한때 베스트셀러로 열풍을 일으켰지만 그 주제만 열풍이 일어났을 뿐 정의는 실현되지 않은 것 같다. 공동체에서 정의라는 것은 무엇일까? 구체적으로 정리해 보면 그것은 추구해 나가는 꿈과 비전에 '올바른 의사결정 기준과 행동은 무엇인가?'이다.

국가는 이러한 것을 법으로 만들고, 조직은 규율을 만들고, 가정과 친구 사이에는 약속을 한다. 이러한 것은 서로의 소통하는 방식을 정하고 신뢰의 기준을 만드는 것이다. 정의가 구현되는 한 우리의 관계는 지속된다는 것을 의미하는 것이다. 살아온 삶과 환경이 다른 사람들에게 보편적으로 함께할 수 있는 정의는 무엇인지 정립시켜 나가는 것은 중요한다.

"우리가 옳다고 여기는 것은 무엇인가? 그것은 왜 그런가?"

2. 사랑

"경제 성장이나 정부가 해결할 수 없는 문제들이 있습니다. 그런데 그것은 우리가 남의 아픔에 동참하는 마음을 가지고 서로 사랑을 나눌 때 해결할 수 있습니다."

조지 H. W. 부시

사람들이 살아가는 세상에서 많은 문제들이 규율과 법으로 해결하지 못하는 것들이 많이 존재한다. 그러한 문제의 근원을 들여다보면, 그 뿌리에는 '이기심'이 자리 잡고 있다. 어느 사회에서나 조직에서 이것은 도덕적으로 윤리적으로 문제가 되고 있다. 국가적인 이기심은 전쟁으로 확대되기도 한다.

공동체에서는 사랑의 가치를 어떻게 조직 내에 구현해 낼 것인지를 고민하는 부분은 보이지 않지만 매우 중요한 부분이다. 공동체에서 사랑은 함께 공감하고 동참하는 것이다. 이것을 강영우 박사님은 컴패션^{compassion} 이라고 소개하였다. 'com'은 '함께'라는 뜻이고 'passion'은 '고통 또는 아픔'이라는 뜻이다. 즉 '공감하는 마음' 또는 '아픔에 동참하는 마음'이다. 글로벌 공동체에서 모두는 서로가 서로를 향해 공감하고 함께하는 마음이 필요하다.

좋은 공동체는 그 속에 사랑이 자리 잡고 있다. 그리고 그 가치를 실천할수록 공동체가 건강해진다. 형식적인 사랑이 아닌 마음으로 진정 사랑할 수 있는 공동체가 이상적인 공동체이다. 내가 사랑 받고 싶어 하는 것처럼 누군가도 나의 사람을 필요로 하고 있다.

"우리 공동체는 어떠한 사랑의 실천이 있어야 하는 것일까?"

위대한 공동체를 향하여

"진정한 원리들을 정하고 단단하고 충실하게 고수하라 그 원리들을 두려워하지 마라" 미국의 국부 토마스 제퍼슨이 말한다. 공동체가 작다고 결코 그 가치마저 작다고는 생각하지 않는다. 숭고한 가치와 세계관을 가지고 있는 공동체는 그 자체만으로 위대하며 사회에 필요한 존재이다. 또한 큰 공동체라 하더라도 그들을 하나로 움직이는 가치관과 세계관을 지속적으로 발전시켜 나가고 있는지 되돌아봐야 한다.

　가장 중요한 것은 자신이 속해 있는 공동체의 가치에 확신하고 외적인 규모보다 내적인 세계관을 견고하게 다져 나간다면 좋은 공동체를 넘어 위대한 공동체로 성장할 수 있을 것이다.

Chapter 06

꿈을 가진 대한민국 공동체의 방향

"세계를 주도하게 될 나라는 한국이 될 것이다."

한국인들이 들으면 무슨 소리야? 하며 나와는 아무 상관없다는 듯이 들을 것이다. 하지만 이는 세계적인 대학, 하버드대 박사가 바라본 한국의 가능성이다. 이 말을 한 사람은 임마누엘 페스트라이쉬, 한국인 이름은 '이만열'이다.

한국보다 더 한국의 가능성을 본 그는《한국인만 모르는 대한민국》에서 국제사회에 참여하여 이끌어 가기 위해서 한국은 스스로의 정체성을 확장해야 한다고 주장한다. 그리고 우리가 사소하게 여기며 잊혀가고 있던 홍익인간, 선비, 추석, 한글, 시골농촌 등을 세계화시켜야 한다고 말한다. 국제사회에서 리더의 역할을 하기 위해서는, 우리 문화에 대한 정의를 확장하고 그것을 보다 포괄적인 방향으로 변화시켜야 한다고 말하고 있다. 즉 한국 문화를 다른 문화까지 포괄할 수 있는 더 크고 광범위한 문화로 만드는 일인 것이다.

한국은 오랜 시간 미국과 일본을 모방하며 선진국의 대열을 따라갔었는데 이제 따라가는 데 한계가 왔고 이제 독자적인 길을 걸어야 한다는 것이다. 그때 나아가야 하는 길은 자신의 정체성을 발견하고 그 정체성을 확대시키는 것이다.

<u>세계관은 나와 비슷한 생각을 가진 이들을 모방함으로 시작한다.</u>

공동체도 마찬가지이다. 처음에는 많은 부분 모방을 통해 만들어 가기도 하고 다른 공동체와 비슷한 부분도 있을 수 있다. 하지만 어느 정도 규모가 되고 시간이 지나고 나면 그것에 대해 분명한 정체성을 가져야 하는 때가 온다. 그때 바로 자신의 정체성을 찾아야 한다. 가장 우리다운 것을 찾아내는 것이다.

그리고 그것을 잘 정의내리고 다음세대에 물려줄 때 그것은 전통이 되고 그들만의 가치가 되는 것이다. 역사 속 위대한 리더는 위대한 생각을 가지고 있었고, 자기다움으로 고유한 세계관을 만들어 다음세대에 전수한다.

우리 역시 지금까지 믿어왔던 것이 무엇인지, 앞으로 추구해야 할 것이 무엇인지를 분명히 정하고 나아갈 필요가 있다. 위대한 리더들은 이런 도전을 시작한 우리에게 이렇게 말할 것이다.

"당신의 믿음대로 해라. 그리고 그것을 향해 나아가라. 사람들은 자연스레 따를 것이다."

공동체에서 우리들만의 정체성으로 세계관을 구축하여 문화로 표현해 내는 것과 함께 고민해야 하는 것은 바로 방향성이다. 그러나 함께 한 방향으로 갈 때 리더와 구성원들에게 가장 큰 유혹이 존재한다. 공동체에서 끊임없이 유혹해 오는 문제는 바로 '이기심'이다.

사람들은 본능적으로 이기심으로 흘러간다. 꿈이 존재하는 곳에서는 반드시 그들의 욕심과 욕망, 욕구가 함께 움직이다. 이때 리더는 공동체의 세계관을 이와 반대되는, 이타적인 방향으로 이끌어야 한다. 이것이 공동체를 하나로 연결하는 성공의 열쇠이다.

공동체를 이끌어 가는 리더와 앞으로 이끌어갈 다음세대에게 마지막으로 이 글을 소개하고 싶다. 미국 사회가 정치적으로 사회적으로 격동기였던 1960년대 하버드의 한 학생이었던 켄트 키스는 세상이 미쳐가고 있지만 개인이 변화하면 더 나은 세상을 만들 수 있다고 제안했다. 그리고 이것을 소책자 형태로 만들어 학교와 다른 학교로 전파했다. 이 책의 이름은《소리없는 혁명: 학생회의 역동적 리더십》이었고 이것은 개정판을 거치며《지도자를 위한 역설적 10계명》으로 퍼져나갔다. 국내에는《그래도》라는 이름으로 번역되었다. 일부의 내용이다.

🎯 역설적인 10계명

사람들은 논리적이지 않고 불합리하며 자기중심적이다.
그래도 그들을 사랑하라

당신이 친절을 베풀면 숨은 의도가 있다고 의심할지도 모른다.
그래도 친절하라

당신이 성공하면 거짓 친구들과 숨은 적들을 얻을 수도 있다.
그래도 성공하라

당신이 오늘 선을 행해도 내일이면 모두 잊힐 것이다.
그래도 선행을 베풀라

정직하고 솔직하면 불이익을 당할지 모른다.
그래도 정직하라

큰 뜻을 품고 살아가면 그렇지 않은 사람들에 의해 넘어질 수 있다.
그래도 큰 뜻을 품으라

사람들은 약자의 편을 들면서도 강자만을 따른다.
그래도 약자를 위해 싸우라

오랫동안 공들여 쌓아올린 것이 하룻밤 사이에 무너질 수도 있다.
그래도 쌓아올려라

도움이 필요한 사람들에게 도움을 주고도 공격받을 수 있다.
그래도 사람들을 도우라

당신이 가진 최선의 것을 세상에 주고도 크게 낙담하게 될지 모른다.
그래도 최선의 것을 세상에 주어라

이 가치의 작은 운동은 지속적으로 많은 이들에게 영향을 미치고 시간이 지나면서 민들레의 홀씨처럼 소리 없이 전 세계로 전해졌다. 그리고 마더 테레사까지 영향을 주었다. 마더 테레사는 자신의 공동체뿐 아니라 세계의 많은 사람들에게 영감을 주는 사랑의 롤 모델이다. 그녀는 자신이 평생을 헌신한 인도의 캘커타의 건물에 그 글귀를 새겨 놓고 평생의 지침으로 살아갔다고 한다. 한 사람의 고귀한 가치가 소리 없이 바다 건너까지 영향을 미친 것이다.

역설적인 10계명을 보며 한 사람의 가치가 얼마나 많은 사람들의 삶에 영향을 미치게 되는지 보게 된다. 당신의 꿈과 가치는 비록 작고 시작일지라도 그것은 어떠한 결과를 낳을지는 아무도 모른다. 그 씨앗을 어떻게 성장시켜 나가는가는 각자의 몫이다.

또한 공동체의 가치를 어떻게 하나 되게 하고 다음세대에 넘겨주고 더 나은 가치로 나아가게 할 것인지도 우리의 몫이다. 그것이 우리만을 향하는 것이 아니라 외부로 향할 때 그 가치가 더욱 빛나는 것이다. 그러한 공동체들이 일어날 때 우리 사회는 더 나은 사회로 나아갈 것이라 믿는다. 그리고 대한민국의 다음세대들이 세계로 나가 영향력을 미치는 리더로 설 수 있게 만들어 줄 것이라 믿는다.

다음세대의
공동체에게 전하는
마지막 메시지

―――――――――――

정의가 공동체를 위대하게 만들 것이다.
사랑은 구성원을 위대하게 만들 것이다.

마치는 글

그는 나의 목자시니 내가 부족함이 없으리로다.(중략).
그의 지팡이와 막대기가 나를 안위하시나이다.

내가 좋아하는 성경구절 중 다윗의 시편 중 한 부분이다. 이스라엘의 조상은 양치는 목자를 리더로 비유하는 부분이 성경에 많이 나온다. 목자들은 양을 칠 때 막대기와 지팡이 두 개를 항상 가지고 다닌다고 한다.

그것들은 각각 다른 용도로 쓰이는데 막대기는 끝이 뭉툭한 것으로 야생의 짐승과 싸우는 용도이고, 지팡이는 끝이 구부러져 있어 양들이 길을 벗어날 때 구부려진 끝으로 양의 목을 걸어 끌어 당기는 용도로 쓰인다. 막대기는 정의를 상징하며, 지팡이는 사랑을 상징할 수 있다.

많은 공동체의 문제의 근원에는 이 두 가지의 불균형 혹은 결여로 분열이 생기게 된다. 이것은 안다고 실천할 수 있는 것이 아니라 삶으로 살아내는 것이 필요한 것이고 오랜 시간의 훈련이 필요한 것이다.

우리가 공동체에 속하는 것은 이러한 것을 효과적으로 훈련하기 위한 것이다. 이타적인 꿈을 꾸고, 이것을 위해 삶을 정직하고 진정성 있게 살아가고, 동일한 꿈을 가진 이들과 협력하여 큰 의미의 목표를 이루어 나가는 것이다. 의미 있는 공동체에서 함께 의미 있는 일들을 해내갈 때 얼마나 삶이 달라 보이고, 생기 있게 만들었는지 경험해 본 사람만이 그 진정한 행복을 알 수 있다.

또한 우리는 의미 있는 삶을 위해 자신의 죽음의 순간에 대해 질문해 보아야 한다. 진정 지혜로운 이들은 인생 마지막 죽음의 시간에서 현재를 바라보며 살아간다.

삶의 마지막 순간에 누구와 함께 할 것인가?
누가 나의 삶에 대하여 이야기를 해줄 것인가?
삶에 무엇이 의미 있었는가?

바쁜 시간 속에 있다면 잠시 시간을 멈추고 이에 대해 질문해 보자. 이것은 당신에게 어떤 공동체가 필요한지를 찾도록 도와 줄 수 있다. 또한 인생을 채우는 중요한 것이 무엇인지도 깨닫게 해줄 것이다. 인생의 삶은 블록처럼 자신이 채워 나가는 것이고 그것은 유한한 시간이란 한계에 있다. 그것을 언젠가 인지하게 될 것이고, 빠를수록 현명한 것이다.

이제 우리의 남은 시간을 소중한 것과 소중한 사람으로 채워 나가길 응원한다.

감사한 사람들

이 책의 주인이자 내 삶의 기획자이신 하나님께 감사드린다. 원고를 작성할 때의 즐거움과 동시에 스스로 한계를 느끼며 3년간 3번의 원고수정을 하며 거의 새로 쓰듯 작업을 하였다. 돌아보니 그때마다 지치지 않고 이어갈 수 있었던 것은 하나님의 은혜이다. 새로운 아이디어를 주시고 방향을 주시는 하나님께 늘 감사드린다.

이 책에 영감을 주었던 것들은 바로 내가 거쳐 온 공동체들이었다. 삶을 돌아보니 독특한 공동체와 탁월한 리더들을 만나 왔다는 것을 발견하게 되었다. 그 중 가장 감사한 것은 바로 하나님을 진심으로 사랑하는 공동체인 사랑하는 교회를 만난 것이다. 이곳에서 성경적인 말씀으로 사랑하는 삶을 살아가는 사람들을 많이 만나게 되었다. 진리와 사랑이 가득한 이 공동체에 함께 하는 것이 인생의 가장 큰 행복이다. 이곳에서 삶의 많은 새로운 시도를 할 수 있는 용기와 영감을 받을 수 있었다. 이 공동체를 이끌어 주시는 변승우 목사님과 김옥경 목사님, 교회의 목회자님과 사역자 그리고 형제자매들 모두 감사드린다.

콘텐츠를 정립할 때 큰 영향을 준 경험은 바로 독서포럼나비였다. 10년이 넘게 매주 토요일 새벽 6시에 나와 과일간식준비, 접수, 행사진행, 교육기획 그리고 운영진과 리더십 훈련 등을 주도적으로 맡아서 이곳을 성장시킨 것은 행복하고 좋은 경험이었다. 이를 믿고 맡겨주신 강규형 대표님과 류경희 사모님께 감사드린다.

청소년기에 나에게 큰 영향을 준 공동체는 세인고이다. 이 학교는 대안학교이다. 1기 생으로 이곳에서 많은 도전과 시도를 할 수 있는 시기였다. 그곳에서의 독특한 경험들은 아직도 나의 삶에 많은 영향을 미치고 있다. 세인고등학교를 설립해 주신 원동연 박사님과 세인고 선생님들께 감사한다. 그곳에서 만난 사람들은 가족 같은 친구들로, 내게 평생 소중한 존재들이다.

고등학교 시절과 대학 시절에 나에게 소중했던 공동체는 하나교회 공동체이다. 방황했던 고등학교 시절부터 사랑으로 나를 품어주고 기다려주며 아껴준 형들과 목사님, 선교사님이 떠오른다. 공동체성을 가장 잘 훈련 받고, 사랑으로 하나 되었던 그때가 인생의 행복한 기억으로 남는다.

대학 시절 진로를 결정하던 시기에 방향을 조언해 주시고, 교육자의 길에서 항상 따스하게 격려해 주시는 심정섭 선생님께 감사드린다. 지금은 세상을 떠나셨지만 어려운 시기 따스하게 맞아주시고 조언해 주셨던 경진건 대표님께 감사드린다. 함께한 시간들과 추억들이 그리움으로 자주 떠오른다.

책을 쓸 때 늘 도움 주시는 이은대 대표님, 출산과 육아에 도움을 주신 정환욱 원장님, 교육과 일에 열정이 가득한 성기철 이사님, 늘 격려해 주시는 김승 교수님, 남수만 박사님께 감사드리고 항상 에너지 넘치며 응원해 주시는 한상형 대표님, 늘 따스하게 도움 주시는 정헌희 본부장님께 감사드린다.

교회에서 함께 사역하는 이혜란 권사님, 진성이, 대희, 현우 형제님, 자영 집사님께 감사드린다. 이분들과의 사역을 통해 늘 낮아지고 겸손함을 배운다. 이 외에도 교회에서 친밀한 경민, 연정 집사님

부부, 대훈 예슬 부부, 원섭 씨 부부 등 셀장님과 셀식구들, 모두가 나에게 소중한 공동체 가족들이다.

삶의 동반자처럼 이전 회사에서 함께 일하며 신앙과 일을 함께했던 홍혜숙 이사님과 이상경 과장님께 감사드린다. 이분들을 통해 인생의 소중한 것들을 배울 수 있었다. 그리고 함께 일했던 강나윤 실장님, 장현주님, 시온, 규현, 주환, 선영, 보선, 재덕님, 이인희 선생님, 민구 선배님 등 많은 이들이 떠오르고, 독서포럼 나비에서 함께하며 지지해 주었던 분들이 감사함으로 떠오른다.

어린 시절부터 함께해 온 부산 친구 태우와 중호, 고등학교 시절부터 함께해 온 친구 박정규와 장지훈 등 나에겐 인생의 뭉그적거림 있는 소중한 친구들이다. 이 외 지면으로 표현하지 못한 분들께 감사드린다.

또한 책이 나오기까지 수고해 주신 바이북스와 윤옥초 대표님께 감사드린다.

마지막으로 내 평생을 지켜보며 기도해 주신 아버지와 어머니에게 감사드리며, 항상 따스하게 챙겨 주시는 장인어른과 장모님께 감사드린다. 무엇보다 나의 부족함을 사랑으로 채워주는 아내와 귀여운 우리 딸 하나에게 사랑한다 말하고 싶다.

참고문헌 및 추천도서

1부 : 작고 위대한 꿈의 시작

- 《삶의 의미를 찾아서》/ 빅터 프랭클 / 아이서브
- 《로고테라피》/ 빅터 프랭클 /엠에드
- 《헝그리정신》/ 찰스 핸디 / 21세기북스
- 《정신의 빈곤》/ 찰스 핸디 / 21세기북스
- 《텅빈 레인코트》/ 찰스 핸디 / 21세기북스
- 《포트폴리오 인생》/ 찰스 핸디 / 에이지 21
- 《코끼리와 벼룩》/ 찰스 핸디 / 모멘텀 2016년
- 《목적을 이끄는 삶》/ 릭 워렌 / 디모데
- 《자기다움》/ 권민 / Unitas Brand
- 《나의 데스티니 찾기》/ 고성준 / 규장
- 《우리가 오르지 못할 산은 없다》/ 강영우 / 생명의 말씀사
- 《하프타임》/ 밥버포드 / 낮은울타리
- 《라이프서핑》/ 장주영 / 바이북스
- 《자기경영노트》/ 피터 드러커 / 한국경제신문

2부 : 꿈이 이끄는 인생의 모험

- 《일하지 않는 시간의 힘》/ 마릴린 폴 / 청림출판

- 《When 언제 할것인가》 / 다니엘 핑크 / 알키
- 《4000주》 / 올리버 버크먼 / 21세기북스
- 《시간을 정복한 남자 류비셰프》 / 그라닌 / 황소자리
- 《내면세계의 질서와 영적성장》 / 고든 맥도날드
- 《리플렉션》 / 구마히라 미카 / 시프
- 《탤런트 코드》 / 대니얼 코일 / 웅진지식하우스
- 《존듀이와 교육》 / 짐 개리슨 / 살림터
- 《싱크 어게인》 / 애덤 그랜트 / 한국경제신문
- 《픽사스토리텔링》 / 매튜 룬 / 현대지성
- 《제대로 살아야 하는 이유》 / 멕제이 / 생각연구소
- 《모험으로 사는 인생》 / 폴투르니에 / IVP

3부 : 공동체의 탄생
- 《마음, 뇌, 교육의 연결고리를 찾아》 / Kurt W. Fischer / 학지사
- 《천재들의 유엔 TED》 / 김수현 / 민음사
- 《트라이브즈》 / 세스 고딘 / 시목
- 《친구의 친구》 / 데이비드 버커스 / 한국경제신문
- 《영적성장의 길》 / 고든 맥도날드 / 두란노
- 《사람은 무엇으로 성장하는가》 / 존 맥스웰 / 비즈니스북스
- 《리더가 알아야 할 7가지 키워드》 / 존 맥스웰 / 두란노
- 《상처 입은 치유자》 / 헨리 나우엔 / 두란노
- 《공동체》 / 헨리 나우웬 / 두란노
- 《사람들이 몰려드는 소그룹 인도법》 / 조엘 코미스키 / NCD

- 《탁월한 소그룹 리더의 7가지 습관》 / 조엘 코미스키 / NCD
- 《삶을 변화시키는 소그룹 인도법》 / 빌 노나휴 / 국제제자훈련원
- 《우리는 다시 연결되어야 한다》 / 비베 H 머시 / 한국경제신문
- 《TOGETHER 투게더》 / 울리히 슈나벨 / 디이니셔티브

4부 : 좋은 공동체를 넘어 위대한 공동체로
- 《라브리 가정교육》 / 수잔 쉐퍼 맥콜리 / 그리심
- 《나의 세계관 뒤집기》 / 성인경 / 홍성사
- 《독립정신》 / 이승만 / 비봉출판사
- 《좋은 기업을 넘어 위대한 기업으로》 / 짐 콜린스 / 김영사
- 《학문을 권함》 / 후쿠자와유키치 / 일송미디어
- 《파도가 칠 때는 서핑을》 / 이본 취나드 / 화산문화
- 《레이건일레븐》 / 폴 캔고르 / 열아홉
- 《충돌하는 세계관》 / 데이빗 A 노에벨 / 꿈을 이루는 사람들
- 《다시보는 미국의 민주주의》 / A 토크빌 / 신원
- 《하룻밤에 읽는 미국사》 / 손세호 / 알에이치코리아
- 《자유이야기》 / 찰스 커핀 / 리빙북
- 《그래도》 / 켄트 키스 / 애플씨드북스
- 《통치론》 / 존 로크 / 까치글방
- 《프로테스탄트 윤리와 자본주의 정신》 / 막스베버 / 현대지성
- 《자유론》 / 존스튜어트 밀 / 현대지성
- 《창업국가》 / 댄세노르, 사울싱어 / 다홀미디어
- 《백년을 살아보니》 / 김형석 / 덴스토리

- 《생각이 결과를 만든다》 / 대로우 밀러 / 예수전도단
- 《한국인만 모르는 다른 대한민국》 / 이만열 / 21세기북스
- 《법의 정신》 / 몽테스키외 저 / 문예출판사
- 《르네상스 창조경영》 / 최선미, 김상근 / 21세기북스